融合型·新形态教材
复旦社云平台 fudanyun.cn

婴幼儿托育·早期教育系列教材

U0730976

婴幼儿感觉统合教育实操教程

（第二版）

主 编 张 楠

副主编 阎志平 苑玉洁

编 委 郭祯卿 何东云 金柱伟 裴 培

魏梦圆 田志源 段新玲 陈永军

复旦大学出版社

内容简介

　　本书是关于婴幼儿感觉统合教育的理论及实操教程，主要内容包括感知觉统合与注意力训练、感觉统合的测量与评估、感觉统合活动设计与指导、特殊幼儿的感觉统合训练、感觉统合治疗师的职业要求。特色有二：一是精选理论内容，即梳理早期教育工作中最主要、最需要的理论内容；二是注重实际操作，以实践为主、好用为基，通过真实的操作案例阐释婴幼儿感觉统合教育。依据产教融合的理念，本书由高等院校早期教育、婴幼儿托育专业知名专家联袂托幼机构优秀教师编写而成。

　　本书配套资源丰富，包括PPT教学课件、课程标准、教案、微课视频、习题答案等，可扫描书中二维码或登录复旦社云平台(www.fudanyun.cn)查看、获取。本书既可作为学前教育、早期教育及婴幼儿托育专业学生的教材，也可作为幼儿园教师的培训教材。此外，还可供广大幼教工作者阅读和参考。

复旦社云平台
数字化教学支持说明

　　为提高教学服务水平，促进课程立体化建设，复旦大学出版社建设了"复旦社云平台"，为师生提供丰富的课程配套资源，可通过"电脑端"和"手机端"查看、获取。

【电脑端】

　　电脑端资源包括 PPT 课件、电子教案、习题答案、课程大纲、音频、视频等内容。可登录"复旦社云平台"（www.fudanyun.cn）浏览、下载。

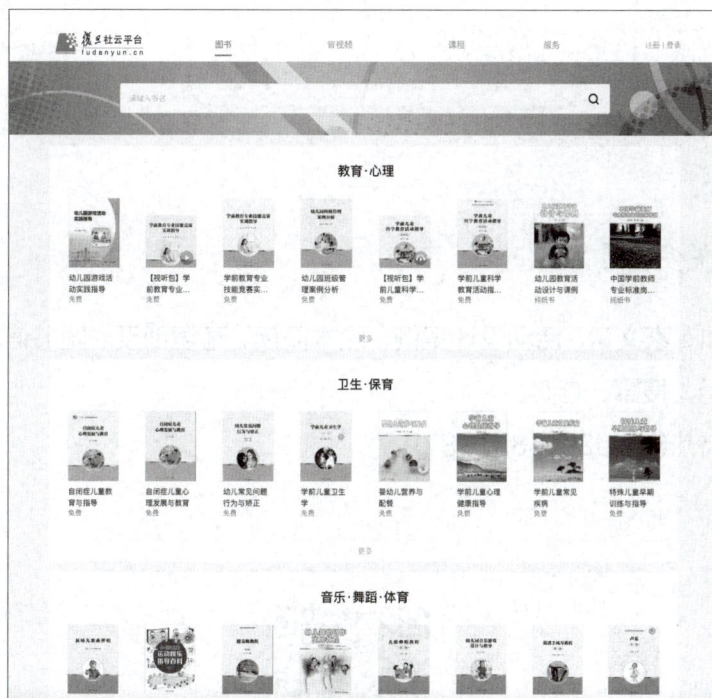

　　Step 1　登录网站"复旦社云平台"（www.fudanyun.cn），点击右上角"登录／注册"，使用手机号注册。

　　Step 2　在"搜索"栏输入相关书名，找到该书，点击进入。

　　Step 3　点击【配套资源】中的"下载"（首次使用需输入教师信息），即可下载。音频、视频内容可通过搜索该书【视听包】在线浏览。

【手机端】

PPT 课件、音视频、阅读材料：用微信扫描书中二维码即可浏览。

扫码浏览 ➡

【更多相关资源】

更多资源，如专家文章、活动设计案例、绘本阅读、环境创设、图书信息等，可关注"幼师宝"微信公众号，搜索、查阅。

平台技术支持热线：029-68518879。

"幼师宝"微信公众号

二版前言

早期教育的重要性越来越被国家、社会、教育者、家庭所了解、所肯定,它不仅关乎个体的成长与发展,更是国家人才培养的基石。也因此,早期教育、婴幼儿托育类专业在我国正蓬勃发展。在儿童早期阶段,感觉统合失调是常见的现象和问题。通过科学的方法和手段,促进婴幼儿感官、运动、认知和情绪等多方面的发展,并优化其感觉统合能力,将能为其日后的学习、生活打下坚实的基础。

随着社会对早期教育、婴幼儿托育人才的需求日益迫切,加之家庭的渴望、政府的期待,对早期教育、婴幼儿托育人才的专业素养和实践能力提出了更高的要求。为了应对这一趋势,满足社会的需求,北京京师上德托育服务有限公司作为一家专业从事校企合作、联合培养早期教育和婴幼儿托育行业人才的机构,结合十余年的教学积累,形成了一套高质量的专业教材,《婴幼儿感觉统合教育实操教程》则是其中重要的一本。

本书第一版于 2020 年 3 月出版,自出版后被全国数十所重点院校选用,并被评价是一本内容全、材料新、体系好的高质量教材。根据对新的政策文件、实践反馈、数据统计、专业设置要求、职业教育专业教学标准等方面的综合研究,编者对本书第一版进行了修订。

修订时,我们在保持第一版特色的基础上,着力增加教材的实践性,紧密结合早教专业与托育专业人才的实际需要,突出"理实一体化、岗课赛证融通、立体化的教学资源、课程思政融入",力求为早教、托育从业者提供一套系统、实用、高效的指导手册。

理实一体化:本书以早教、托育行业从业人员职业能力为核心,引入典型真实的案例进行教材体例设计,突出理实一体化,使学习者在掌握理论知识的同时,能够迅速将其应用于实际教学中,更好地掌握知识的系统性和连贯性,同时也强调其在实际教学中的可操作性和实用性。

岗课赛证融通:本书编写时全面关注早教、托育行业从业人员的职业要求与发展,将感觉统合指导师、感觉统合治疗师、家庭指导师的考核内容以及早教、托育职业技能大赛相关内容融入教材,为学习者提供了丰富的备考资源。

立体化的教学资源:为了更好地支持教师授课、学生学习,书中配置了教学课件、教学大纲、课程标准、练习题和答案,并依据课程所需配备了示范视频、拓展资料等立体化的教学资源,为学习者提供多元化的学习方式。

　　课程思政融入：本书依据国家"十四五"规划教材的要求，紧密围绕党的二十大精神，采用多种形式融入课程思政，力求课程思政进课堂、进教材。书中，通过深入挖掘课程中的思政元素，引导学习者在学习专业技能的同时，注重个人品德修养和社会责任感的培养，使其成为德才兼备的教育人才。

　　综上，本书第二版将上述四个方面的内容有机结合，形成了一套全面、系统、实用的感觉统合教育实操教学体系。我们相信，通过本书的学习和实践，学习者将全面提升自己的专业素养和实际操作能力。

　　本书是我们专业教科研团队通力合作的结晶，凝聚了所有参与人员的心血。本书由北京京师上德托育服务有限公司组织策划，公司教育教学部组织，全国知名院校早教、托育专业教师共同编写，并获得了来自业内专家、合作企业、专业院校的大力支持。

　　本书修订过程中，参考了很多相关专业领域的学者的研究资料与成果，在此表示诚挚的谢意。我们衷心希望继续得到广大读者、同行专家的批评、指正，如能收到您的意见或者建议，不胜荣幸(联系邮箱:3476611369@qq.com)。

张　楠

目　　录

第一章　感觉统合概述

PPT教学课件

PPT教学课件

学习目标

- 了解感觉统合理论的演变及感觉统合教育的发展现状。
- 知道感觉统合的概念、感觉统合失调的危害和原因。
- 掌握预防感觉统合失调的对策与方法。
- 能运用感觉统合的相关理论,分析案例。

学习重点

- 会运用感觉统合的理论知识,分析与应对感觉统合失调。

学习导引

感觉统合是发育良好的幼儿最基本的大脑生理功能状态。人类从婴幼儿时代到老年的整个生命过程中,几乎每时每刻都在进行着感觉统合。本章主要介绍感觉统合理论的起源与发展、感觉统合的概念、感觉统合失调的危害与原因、感觉统合失调的预防,旨在帮助学习者获得对这门课程的基本了解,为学好这门课程打好基础。

第一节　感觉统合理论的起源与感觉统合教育的发展

在剥橘子时,我们可以通过很多方面来认知橘子:视觉使我们知道它有黄色的、圆形的外表;触觉使我们感知到它有粗糙的外皮和多汁的果肉;嗅觉告诉我们它有清新的果香;味觉让我们知道它有酸酸甜甜的口感;当我们用手掂它的重量时,本体觉告诉我们它重重的。综合以上这些客观的感觉,我们才能形成对橘子整体的主观知觉。透过这样的认知,幼儿知道:橘子可以当球玩,因为它是圆的;可用来丢着玩,但因为它重重的,接住时会使人感到疼痛;可以解渴,因为它是多汁可口的。因此,幼儿看到电视或图画书上的橘子,也许会垂涎欲滴,要求妈妈买给他。但是,当他们看见同样是圆形、黄色的球时,却不会有同样的反应,因为他们会利用眼睛来看外形、利用鼻子来闻气味、用触觉进行感受、用嘴尝味道、用耳朵听声音,这就是感觉统合之功。

一、感觉统合理论的起源

对感觉统合的研究起源于 1920 年,当时人们从神经生理发展的角度来观察中枢神经系统自我组织的过程。

1949 年,赫布(D. O. Hebb)研究发现,人类的脑部随着感觉与动作系统的交互作用,塑造及组织了神经系统的连接,并进而发展出有功能性的行为,如思考、知觉、观念构成。赫布认为,每个人都具有无限连接的神经网,根据后天的感觉经验,组织这些神经网与外部环境相互作用。神经网的组织化是根据特定感觉经验,产生叫细胞集合体的脑细胞组织,这些脑细胞以神经生理学相互连接形成局部系列。在童年时期,若受到刺激而构成了很好的细胞组织和局部系列,到了成年时期通过这种局部系列的再配合,可以更好地形成创意性和毅力性很高的学习状态。

1950 年初,感觉统合理论的创始者美国南加州大学临床心理学博士珍·爱尔丝(Anna Jean Ayres)开始致力于感觉统合理论的研究与发展。一开始,她利用此理论治疗介入的对象,大部分为学习障碍的儿童。她发现有许多儿童智力正常,但一直学不会绑鞋带,动作很笨拙,或在课业的学习上会有学习不佳的情形。后来,这个理论被延伸到其他有神经行为发展问题的儿童身上,包括智能障碍、自闭症、情绪困扰、不同形式的行为异常,及其他神经感觉基础有问题的儿童。

1960 年开始,美国学者哈贝尔(Habel)和威塞尔(Wiesel)往感觉统合方面钻研,自 1958 年到 1981 年的二十多年里,他们在研究大脑视皮层对视觉刺激的反应方面做出了显著成绩。他们的研究表明,先天机制使视觉系统内部各组成部分建立了高度特异性的联系,视觉经验对这些联系的保持和完善是必要的。视觉剥夺的实验证明,在早期生活中,视觉系统有一定的可塑性,环境影响可以调制视觉系统的联系。他们在视觉发育方面的研究,不但有理论意义,还对婴儿的抚育和幼儿的早期教育有实际指导意义,因此得到了高度评价。1981 年得出结论,即肯定感觉统合对中枢神经发展的重要性。这一研究结论使得他们获得当年的诺贝尔生理学或医学奖。

爱尔丝在 1969 年最先系统地提出了感觉统合理论。1972 年,爱尔丝综合前人的发现研究脑神经处理,从眼睛、耳朵、皮肤和内耳前庭器官所传输进来的基本低层次感觉中,发现出现过度敏感或迟钝的感觉统合失调时,会引起幼儿学习和情绪上的重大困扰;而当感觉统合良好时,大脑高层次的认知学习才能充分运作。从此发展而来的治疗理论,就被称为感觉统合治疗。

二、感觉统合教育的发展

从 20 世纪 70 年代提出感觉统合理论伊始,西方发达国家以"幼儿感统智能训练会馆"的方式,开始普及感觉统合训练教育。目前,在日本及欧美等发达国家,感统理论已经被引入幼教领域,成为基本的教育理论之一。在西方发达国家,每 100 家幼儿园中就有 95 家幼儿园内设有"幼儿感统智能训练教室"。在我国台湾地区,幼儿感觉统合训练已成为幼儿园和小学的常规教学内容。

20 世纪 80 年代初,感觉统合教育理念传入亚洲,90 年代初传入我国香港地区。至 1996 年,香港感统智能训练在幼儿园中的普及率达到 93.2%,香港教育行政部门规定感统智能训练产品为当地幼儿园的必配设施。目前,香港地区每 100 个大型社区内便有 80 个设有大型的"幼儿感统智能训练会馆"。

20 世纪 90 年代初,感觉统合教育被引入中国大陆,幼儿感觉统合训练室随之建立,在实践中做了进一步的科研验证和开发,取得了令人满意的效果,受到家长的欢迎。只是目前普及率还不高,仅在北京、上海等大城市或东南沿海经济发达地区有数量较多的幼儿园、亲子园开设感觉统合训练课程。

第二节　感觉统合的概念

婴幼儿教育最重要的目的并不是学习知识,而是能力的提升、效率的提高。也就是说,知识只是工具,而学会吸收、消化、使用知识才是最重要的,因为只有具有好的能力才能高效使用工具。感觉学习是身体器官、神经及大脑间的协调互动,身体的各种感官,如视、听、嗅、味、触及前庭觉等,透过中枢神经、分支及末端神经组织,将信息传入大脑各个功能区的过程;运动学习就是大脑将感觉学习过程中传入的信息进行分析、解释、联系、统一、整合,做出顺应性反应,再透过神经组织,指挥身体动作的过程。感觉学习和运动学习的不断互动便形成了感觉统合。

感觉统合是婴幼儿发育良好的最基本的大脑生理功能状态。通过人类基因遗传,每个婴幼儿出生后都有基本的感觉统合能力。但是,感觉统合能力的发展不是无条件的,其发展必须在婴幼儿时期和环境的互动体验学习中进行,大脑、身体不断地顺应反应,才能高效、健全、协调地发展。人类从婴幼儿时代到老年的整个生命过程中,几乎每时每刻都在进行着感觉统合。

一、感觉统合的提出

感觉统合(简称"感统")这一术语是由谢林顿(Sherrington, C. S.)和拉什利(Lashley, K. S.)提出的,并广泛地应用于行为和脑神经科学的研究。

爱尔丝是精神治疗学博士,是职能治疗师、美国职业治疗协会会员。她根据对脑功能的研究,于1969年首先系统地提出了感觉统合理论(Sensory Integration Theory)用来矫治幼儿学习障碍和缺乏自控能力等一些行为,并了解其原因,探索预防和改善的方法。她认为,感觉统合是指人体通过感觉器官将得到的各部分感觉信息(视觉、听觉、触觉、味觉、嗅觉、前庭平衡觉、本体觉等信息)输入大脑,大脑对输入的信息进行多次分析、解释、联系、统一,进而有所领悟,进行学习或在命令运动系统中做出反应的能力。只有经过感觉统合,神经系统的不同部分才能协调整体工作使个体与环境顺利接触。感觉统合通常是在儿童日常的活动期间得到发育和促进,但是一些儿童的感觉统合没有得到有效的发展和促进,因而在认知或行为上会存在明显的问题。

二、感觉统合的定义

综前所述,感觉统合是指个体在环境中有效地利用自己的感官,将来自不同感觉通路的信息,如来自视觉、听觉、嗅觉、味觉、触觉,以及平衡觉、本体觉等的信息,通过大脑中枢神经的前庭觉进行过滤和辨识,然后把重要的信息传递给大脑,通过大脑对信息进行加工处理、协调整合之后,形成知觉,再指挥身体做出适当的反应,这个过程是吸收有效信息和做出适应性反应的过程,即感觉统合,也可称为感知觉统合,简称"感统",可归纳为收集信息→传递信息→处理信息→做出反应。

感觉统合使个体在外界环境的刺激中和谐有效地运作,这就像是交通指挥者或红绿灯管制者,在其指挥下,各种信息有条不紊地在大脑的"高速公路"上飞驰。这样,大脑才能协调身体感受外界刺激并做出适当的反应。没有感觉统合,"交通"将乱成一团,"事故"不断。感觉学习和运动学习的不断互动,便形成了感觉统合。感觉统合不足,便会形成脑功能的发挥不全,从而引发学习和生活上的困难。

三、感觉统合在婴幼儿教育中的运用

人类是通过视觉、听觉、嗅觉、味觉、触觉、前庭平衡觉以及本体觉等感觉从外界获取信息的,感

觉统合的过程:学习→记忆→获得和产生经验→(再遇此事时)释放经验→做出行为。经此模式不断练习,人类便能在变动的环境中生存,并促进知觉、语言、认知或情绪的发展,特别是早期的动作和感觉经验会影响婴幼儿对环境的认知和身心发展的速度。

感觉统合是人一生中最重要的学习途径之一。由于人类大脑发育特别快,婴幼儿时期的感觉统合学习占据了一生的绝大部分。因此,婴幼儿的感觉统合学习对其身心发展起着其他任何学习所无法替代的作用。在日常生活中,人类所有的动作和行为都与大脑神经系统感觉统合功能有关,如爬、站、走、跑、吃饭、穿衣等室内外所有的生活行为和游戏行为;视觉、听觉、触觉、嗅觉、味觉、本体觉、前庭觉及身体的其他感觉;语言理解表达能力的获得(绘画、写字、写作文、读书、发言等)。完成这些动作和行为都是大脑神经系统感觉统合的结果。

第三节 感觉统合失调概述

一、什么是感觉统合失调

我们知道,感统是人体各部分感官信息输入、组合,经大脑统合,完成对身体外的知觉做出反应的过程。只有经过感觉统合,神经系统的不同部分才能进行协调、整体运转,个体才能与环境顺利互动。如果没有感觉统合,大脑和身体就不能协调发展。

感觉统合失调为大脑功能失调的一种,也可称为学习能力障碍。感统失调通俗的说法是,婴幼儿大脑在发展的过程中出现的很轻微的障碍。由于大脑对身体感觉系统所输入的各种感觉刺激信息,无法有效地在中枢神经系统内进行正确组织和分析,众多感觉信息在不适当的地方流通、作用,以致整个机体不能有效运作并使该个体的认知、活动、学习与情绪发展等出现异常的现象,即为感觉统合失调。

感觉统合失调会影响婴幼儿身心健康。因为婴幼儿感觉统合失调意味着婴幼儿的大脑对身体各器官失去了控制和组合的能力,这将在不同程度上削弱幼儿的认知与适应能力,从而推迟幼儿的社会化进程。随着感觉统合理论的研究和发展,对感觉统合失调的分类也在不断变化。医学治疗角度的分类是功能性的,目前(治疗性)感统失调分为运动能力障碍、感觉调节障碍、视觉空间能力障碍、中枢听觉语言处理障碍,这些功能性的失调具有综合性,是一个或多个感觉系统存在缺陷或障碍所致。为了能够加强教育训练的针对性和可操作性,本书对感觉统合失调的表现和训练方法,按照感觉系统进行了模块划分。但须强调的是,实际发生的感觉统合失调症状其因素绝不是单一的、孤立的,必须综合考虑其失调因素来制订训练方案。

二、感觉统合失调的表现

微课

感觉统合对儿童注意力的影响

许多实验研究表明,感统失调的婴幼儿在不同程度上表现出注意力不集中、不能很好地游戏式学习、好动不安、行动笨拙、口齿不清晰和触觉迟钝或过于敏感等特征。据调查,我国很大一部分婴幼儿都存在感统失调的特征,只是表现程度不同。因此,了解婴幼儿的感觉统合失调的表现,才能更好地应对与预防。根据感觉统合系统的划分,感觉统合失调表现在视知觉、听知觉、嗅知觉、味知觉、触知觉、前庭觉、本体觉七个方面。

(一)视知觉统合失调的表现

视觉就是我们用视觉器官(眼睛)看外界周围的事物所引起的感觉。视知觉成熟最重要的指标是焦距。人类有两只眼睛,有两个视野,中间是重叠区,称为中心区,也就是一般所谓的焦距。两旁则为周边视,是两眼视觉不重叠的地方。3 岁之前,幼儿的视力尚未发育成熟,虽然其已经认识大部分的图形、颜色甚至文字,但视觉的清晰度仍远不如成人。这不是因为视觉辨别力不足,而是两眼焦距的成熟度还不够。焦距的稳定性要依赖双眼视觉神经及眼肌的成熟。焦距稳定后,注意力才能比较集中,阅读能力才开始逐渐提高。通常在 3~4 岁焦距稳定。在这以前,幼儿的中心视力难以完全协调成一个影像。所以在上幼儿园后,我们能较为明显地感受到幼儿存在的问题。

视知觉统合失调主要表现为:看书时容易漏字、掉字;写字时,偏旁部首容易写错;不会做计算;学了就忘;抄错题;甚至不认识字;等等。

(二) 听知觉统合失调的表现

听觉就是声波作用于听觉器官(耳朵),使其感受细胞兴奋并引起听觉神经的冲动而发放传入信息,经各级听觉中枢分析后引起的感觉。听觉区的信息会深入大脑的潜能记忆区中,因此听觉的辨别能力对人类的潜意识影响很大,在心理上也产生很大的影响。

1. 听知觉统合失调的类别及其表现

听知觉统合失调分为两类:一类是听知觉反应不足;另一类是听知觉反应敏感。

(1) 听知觉反应不足的表现

① 倾听声音时的速度及反应较慢;

② 叫他时没反应,给人心不在焉的感觉;

③ 语言学习、表达能力较弱;

④ 听觉记忆力不佳;

⑤ 语言发展迟缓,构音不全,口齿不清;

⑥ 无法同时接受 2~3 个指令;

⑦ 听写困难,维持不到 10 分钟;

⑧ 很容易忘掉交代过的事情。

(2) 听知觉反应敏感的表现

① 无法过滤不必要的声音,所以易分心;

② 易听到一般人听不到的声音,有时即使是很小的声音也觉得很吵;

③ 会同时听到多种声音,但无法分辨主次;

④ 常觉得有人在叫他的名字;

⑤ 对某些声音特别敏感;

⑥ 情绪不稳定,易紧张。

2. 听知觉统合失调的影响

听知觉统合失调会对日常生活与学习造成很大的影响,主要表现在三个方面。

(1) 俗话说,听得见才能说得出,听得清才能说得准。听知觉统合失调会导致语言发展迟缓,构音不全,口齿不清。

(2) 影响认知能力的发展。当幼儿很小的时候,即便在吵闹的环境中,也会对妈妈的呼唤产生反应,或对妈妈生气的声音表现出害怕的情绪。此时的幼儿虽然不理解妈妈讲话的内容,但仅凭妈妈的声音就会产生相应的情绪反应。因此,听知觉统合失调的幼儿很难表现出适宜的情绪认知。

(3) 影响社会性互动。在生活中,听知觉统合失调的儿童常会直接被家长和同伴定义为:不聪明,忘性大,做事不认真或是注意力不集中,情绪不稳定,易暴躁。这类评价无疑会影响儿童的社交与学习,并造成严重的负面影响。

有的孩子会产生声音屏蔽现象,也可能是由于家长对孩子要求过多、过于严格,却没有有效的引导方法造成的。家长总是随时对孩子叨念、重复规则、要求孩子认错、要孩子承诺下次不再犯、强调自己已经教过好多次为什么孩子还没记住等,家长本身却从来不改变这种无效的方式,造成孩子听觉疲惫、心理有压力,进而做出消极的自我保护反应,出现对家长的话充耳不闻的现象。

(三) 嗅知觉统合失调的表现

嗅觉器官是人类感觉神经中最多也最复杂的器官。嗅觉能协助我们用鼻子灵敏地认识环境,进而保护自己。那么,幼儿嗅知觉统合失调的表现到底有哪些?

1. 无所不吃

嗅觉是嗅觉感受器受到某些挥发性物质的刺激后产生神经冲动,冲动沿嗅神经传入大脑皮层而引起的感觉。嗅觉通过长距离感受化学刺激,所以嗅知觉统合失调严重的甚至会缺失嗅觉能力,表现为不管食物变质与否,皆嗅不出味道,无所不吃。

呼吸道和消化道是我们身体内部与外界环境沟通的两个出入口,因此它们都担负着一定的警戒任务。幼儿嗅知觉统合失调表现出的"无所不吃",就容易造成病从口入,十分危险。

2. 判断力差

嗅觉扮演着保护生命的警觉功能。通过嗅觉可以闻到空气中飘着的各种气味,察觉各种信息,使个体对危险信号快速做出警觉反应。嗅觉能力较好的幼儿,通常判断力和敏感度也比较强,而且他们的大脑会随着气味的波动,增强记忆区的反应能力。如果幼儿的嗅觉不是很敏感,嗅知觉统合失调,大脑会因长期缺乏气味的刺激而变得迟钝,注意力和记忆力也会因此下降。具体表现为:不能很快地适应环境的变化;不能记住不同食物的区别;对物质的理解和印象匮乏。

其中,最明显的表现就是新生儿啼哭不止。新生儿最开始是通过嗅觉来认识妈妈的。当他们饿了,会通过嗅觉努力辨别妈妈的气味,表现出急切地想吃奶的意愿,这保证了新生儿在食物选择上的正确性。而且,新生儿特别喜欢哺乳期女性身上的气味,这种气味会给他们带来熟悉感和安全感。因此,幼儿嗅知觉统合失调的表现是,即使在母亲怀里也经常哭闹。

(四) 味知觉统合失调的表现

味知觉是儿童在婴幼儿期非常重要的一种学习能力。舌头的味觉相当复杂,舌尖感觉甜味,舌根感觉苦味,舌缘感觉酸辣味。必须让食物留在嘴巴里较长的时间,婴幼儿才能感觉出各种味道,味知觉培育需要相当的耐心及时间。味知觉统合失调包括味觉(口腔感觉)失调、口腔过度敏感(感觉防御)和口腔低度敏感。

(1) 味知觉(口腔感觉)失调类似于触觉失调,是由于口腔内的感觉也属于触觉的一种,所以口腔失调的某些表现与触觉失调的类似。

(2) 口腔过度敏感(感觉防御)的婴幼儿表现为挑食,对食品有自己的特殊偏好,如只吃某一类或某几种食物;对食品很挑剔;不愿意尝试新食品或者新餐厅;不愿意在别人家吃饭;在2岁之后,依然只吃泥状或很软的食物;在吃质地较粗的食物时,有干呕现象;拒绝或极端害怕看牙医;只吃热的或冷的食物;不喜欢或抱怨牙膏和漱口水的味道;吃饭口味清淡,不喜欢加了较多调味品的食品;在使用吸管时遇到困难;等等。

(3) 口腔低度敏感的婴幼儿24个月之后依然喜欢舔、咬不能吃的物体;他们喜欢味道比较重的食品,如特别辣、酸、甜或咸的食物。除了个体喜欢的某种特定重口味食物,其他食物对他们来说吃起来都差不多;流口水现象在出牙期之后依然严重;频繁地咬头发、手指、衣服,或者其他物体;喜欢震动感强的电动牙刷,喜欢去看牙医;在吃饭时,喜欢大口大口地吃饭;喜欢用食物填满口腔,脸颊处会有明显的突出,嘴唇周围有明显的饭渍。

(五) 触知觉统合失调的表现

触觉是身体皮肤组织接触外界的一种感觉。触知觉统合失调就是人对外界的感觉与别人不一样的现象,分为触知觉敏感和触知觉迟钝。

(1) 触知觉敏感是指对外界的微小变化产生一种过激的反应。出现这种情况的幼儿,是因其脑神经抑制困难,才导致触觉过分敏感,对任何信息都有反应,大脑经常处于动荡不安的状态,自然无法集中注意力,心烦气躁。他们穿着的衣服质料不同,或环境有微小的变化时,都会忙着做出不舒服的反应处理,这样就使重要的学习信息很难传入大脑了。久而久之,他们排斥新事物,不能接受新事物,而依赖旧事物。由于一再排斥新的信息,便需要强化旧的信息,于是就很依赖已经熟悉的旧事物。触觉敏感的幼儿常常会衍生出前庭觉不足、好动不安的问题,本体感也会扭曲,会出现情绪化及笨拙现象。

(2)触知觉迟钝的表现是反应慢、动作不灵活、大脑的分辨能力差,所以发音或小肌肉运动都显得笨拙,缺乏自我意识,无法保护自己,学习能力也很难发展。触觉迟钝的幼儿比一般幼儿更渴望被接触,所以也比较黏人。他们经常固执于某种行为上,如偏食、吸吮手指、触摸生殖器、咬人等。

总体来说,触知觉统合失调的婴幼儿容易分心,常会左顾右盼;脾气暴躁,尤其对亲人特别不好,喜欢强词夺理;不喜欢到陌生地方或人多的拥挤场合;偏食和挑食,不喜欢吃水果和蔬菜等;害羞,碰到陌生人特别紧张,会结结巴巴地说不出话来;内向,爱独处,不喜欢到户外玩,怕人多的地方,朋友少,沉默寡言;看电影或电视的时候,容易兴奋、被感动,并喜欢尖叫;怕黑,到暗处一定要有人陪,晚上拒绝出门,讨厌独自在屋里;换床铺便无法入睡,甚至被子、枕头都必须是固定的;清理鼻子和耳朵时,常显得情绪非常不稳定;喜欢黏特定的人,并且非常需要对方的拥抱和溺爱;睡觉的时候喜欢咬被角,或抱棉被、衣服和玩具;喜欢吮吸手指、咬指甲,不喜欢别人帮忙剪指甲;不喜欢被抚摸脸部,讨厌洗脸、洗发和剪发;有人协助穿衣服、穿袜子或拉袖口时,常会特别紧张;不喜欢别人由背后接近,常有严重的不安全感;经常到处碰、摸,动个不停,对毛料和布料特别排斥或特别喜欢;虽喜欢和人聊天,却不喜欢有肌肤接触的勾肩搭背行为。

(六)前庭觉统合失调的表现

前庭器官在耳内,是人体对自身运动状态和头在空间位置的感受器。人的脸部正前面的各个器官如耳朵、鼻子、眼睛和嘴巴所接收到的信息,透过脑干前边的前庭神经核,进入大脑的功能区,这个过程所接收的信息称为前庭信息。前庭器官的这种知觉功能称为前庭觉。

人类所有的感觉中,前庭觉是最敏感的,它是肢体得以灵活操作的最重要的因素。前庭觉随时提醒我们头和身体的方向,使我们能清楚地接收到视觉信息。如前庭觉不佳,视觉很难跟随移动的目标,眼肌肉和颈部神经也会产生信息反应不良的情形,眼球的移动变得不平稳,常会以跳动的方式抓取目标,造成幼儿阅读、玩球、画线的困难。

前庭觉统合失调的幼儿常常会跌倒或撞墙,动作显得笨手笨脚,甚至害怕行动,更会造成感觉信息严重扭曲,而影响到身体的协调行动能力。前庭觉统合失调的幼儿虽好动,但平衡能力比较差,原地打转容易眩晕;上课注意力不集中,爱做小动作,上课不专心;畏高或者不怕高,走路容易跌倒;调皮任性,自控能力差,情绪不稳定;出现语言发育迟缓、说话词不达意等现象。

(七)本体觉统合失调的表现

本体觉就是人类对自己身体的了解和操控,即人体能充分利用和支配自己的关节、肌肉、肌腱、韧带和骨骼等身体部位的收缩与拉伸,会产生一种固有的信息。例如,我们不用镜子也可以用手摸到自己的眉毛、耳朵、鼻子等;不用大脑判断也能根据环境做出合乎环境需要的行为和动作,如跨越水沟、栏杆等。

本体觉统合失调会造成身体协调不良,身体协调包括双侧协调、手眼协调和身体感官的自然协调。本体觉统合失调的婴幼儿会出现眼睛看不到东西时,几乎无法做出正确的动作;身体的无意识行动自律失常,随时处在焦虑和紧张中;环境适应困难,经常会重复错误的学习;笨手笨脚,经常碰伤或撞伤;爬楼梯常常会特别紧张;小肌肉的操作经常受阻,无法完成精确性动作,如拿笔、拿筷子困难;固有感觉和听觉处理常有障碍,造成方向和情报来源判断严重错误;晕车,站无站姿、坐无坐姿,过分怕黑,方向感不佳,不能像他人一样捉迷藏;等等。

三、感觉统合失调的原因

婴幼儿感觉统合失调的发生有诸多方面的因素,主要包括遗传、孕期各种问题、生产方式、抚育不当、教育有误、家庭环境、婴幼儿的气质特点、父母自身状况等,这些都会对婴幼儿的感觉统合能力造成影响。

(一) 遗传

研究表明,感觉统合失调中遗传因素占40%。家族中有人曾患某种神经症或精神疾病的遗传概率较高;家庭成员中有各种残疾及过敏史的,则遗传概率最高。

(二) 孕期各种问题

(1) 先兆流产,有可能引起中枢神经系统不健全,如发育迟缓、轻度大脑功能失常。

(2) 怀孕初期严重呕吐、偏食、早产等造成营养不良,婴幼儿先天不足。

(3) 孕妇的不良饮食习惯,如好烟、酒、咖啡等,使脐带毛细血管萎缩,使胎儿获得的营养减少,婴儿出生后不同的阶段有不同程度的感觉统合失调表现。

(4) 胎位不正,剖宫产不能形成重力感。

(5) 怀孕时用药不慎或情绪常处于过度兴奋或悲伤状态。

(三) 生产方式

(1) 剖宫产造成触觉感不足。

(2) 早产(小于37周)或晚产(大于42周)。

(3) 生产时间过长。

(4) 生产窒息缺氧。

(5) 产钳使用不当。

(6) 多胞胎。

(四) 抚育不当

(1) 从没有让婴幼儿适时爬过。

(2) 出生后家长摇抱少,婴幼儿静坐多,过分限制其活动范围等。

(3) 该哭的时候不让哭,心肺功能弱,口腔肌肉缺乏锻炼,造成语言表达能力差。

(4) 过度保护,不注重适龄基本能力的训练;缺乏运动,缺乏游戏,缺乏大自然的熏陶。

(5) 缺少伙伴,群体生活不足,造成触觉问题。

(五) 教育有误

(1) 情感爱抚不够,物质上宽松,精神上苛刻。

(2) 不尊重婴幼儿的基本权利,集体教育追求教育一致,不注重个性培养,排斥好动的婴幼儿。

(3) 过早进行认知教育(如读书、写字等专项技能的学习)。

(4) 不了解婴幼儿生长发育规律,要求过高,限制过多。

(5) 电视、游戏机成为婴幼儿的主要玩具。

(六) 家庭环境

父母的教育背景、家庭的和睦程度、家庭成员之间的亲密程度,以及是否存在矛盾等,都会对婴幼儿的感觉统合能力产生影响。家庭成员之间是否存在矛盾对幼儿的影响很大,家庭成员之间的矛盾越严重,幼儿发生感觉统合失调的可能性就越大。研究表明,家庭不和睦、家长爱吵架,对婴幼儿的教育方式不当,不善于引导,对婴幼儿进行经常性的打骂教育,婴幼儿出现感觉统合失调的可能性就比较大。相反,家庭成员之间关系较好,父母接受过良好的教育,对子女有良好的教育方式,并且父母经常陪伴婴幼儿、关爱婴幼儿,增加和婴幼儿的交流沟通的机会,并一起外出活动,那么婴幼儿的感觉统合能力就能够获得良好的发展。由此可见,良好的家庭环境对婴幼儿的身心健康发展会起到非常重要的影响。

（七）婴幼儿的气质特点

婴幼儿的气质特点对其感觉统合能力的发展有着直接的影响。气质是一种相当稳定、持久的心理特征，主要由生物学因素决定。它体现在行为的灵活性、速度和强度等动力特征上，会直接对婴幼儿的行为和心理活动造成影响。

我国学者张劲松的研究结果显示，难养型气质幼儿的特点主要表现为：对新的事物和陌生人退缩、适应较慢、生物功能不规律、经常表现出消极情绪且反应强烈。这类幼儿由于自身气质影响了运动的发展，致使其前庭功能失衡，并且身体运动协调性差，感觉统合训练的效果明显受其气质特点影响。易养型气质的幼儿则正好相反，他们的特点为：容易接受新鲜事物和陌生人、适应能力强、情绪多为积极、生物功能的规律性强、反应强度不高。启动缓慢型气质幼儿的特点则表现为：最开始对新生事物和陌生人发生退缩、适应较慢、更容易表现出消极情绪、反应强度较低。这类幼儿的感觉统合失调主要表现为触觉防御及情绪障碍，感觉统合训练前后的效果对比非常显著。

（八）父母自身状况

父母的身体状况、兴趣爱好及性格特征等，都是会对婴幼儿的感觉统合能力造成影响的潜在因素。研究结果显示，父母文化程度低、健康状况不佳，父亲不爱交流、脾气顽固、不爱好音乐，母亲敏感多疑等，都会影响婴幼儿的心理发展。父母不恰当的对待方式使婴幼儿难以承受，常导致感觉统合失调的发生。研究还提出，喜爱长时间打牌的父母，其子女容易发生感觉统合失调。这可能与父母沉溺于这些娱乐活动而忽视了对子女的照顾、减少了与子女的接触交流时间有关。

四、感觉统合失调的改善对策

感觉统合功能是个体的身体与认知能力发展的基石。因此，当感觉统合功能出现失调时，婴幼儿就容易产生学习和行为上的问题。那么，针对婴幼儿感统失调表现出的问题，我们应采取哪些措施呢？

（一）对大肌肉平衡的训练

通过对婴幼儿进行翻滚、爬行、单杠、双杠等的训练，可以促进神经生理的发展与控制，使婴幼儿的身体躯干变得更有力量，可以锻炼肌肉张力、动作与耐力。

（二）节奏与韵律的训练

主要训练婴幼儿拍球与跳绳、跳弹簧床，使个体在生活空间的动作更为精密与敏捷。通过这些训练，婴幼儿能在手、眼、脚的配合与协调方面更加自如，在动作的速度、方向、力量与变化等方面，也会更加成熟。

（三）平衡能力的训练

平衡能力是指抵抗破坏平衡的外力，以保持全身处于稳定状态的能力。训练方式包括婴幼儿单脚跳、用足尖走步、旋转身体等。

（四）方向感的训练

个体的运动固然有赖于其肌力、平衡性和协调性，但如果无容身的空间及没有容身之外的可供进行动作的空间，则运动的现象无法产生。因此，应当训练婴幼儿指认方向、辨别左右的空间能力。可以通过让婴幼儿指认上、下、前、后及左右手、左右脚的各种动作的配合、丢接球的游戏，来达到培养婴幼儿方向感的目的。

五、感觉统合失调的预防

感觉统合失调主要显现于学龄前儿童和学龄儿童。它会造成儿童的一系列行为问题、学习困难、情绪障碍及人际关系问题等，这些问题都会对儿童的心理健康发展造成不良影响。但是，直至目前,许多父母和老师都没有充分认识到感觉统合失调对儿童造成的不良影响。他们仅从表面出发,认为这些问题是儿童的天性,或是儿童在故意制造麻烦,因此对其动辄批评与惩罚。其结果只能是降低儿童的自尊与自信,或导致其产生逆反心理,从而加重心理障碍与行为问题。

感觉统合能力发展的关键期是3~7岁。这期间是幼儿语言能力发展、智力发育以及个性形成和发展的关键时期。脑神经科学的相关研究证明,幼儿感知运动能力发展的关键年龄也是在3~7岁,而0~3岁是感统失调的预防期。在托育中心可以根据幼儿感统失调的表现给予针对性的训练与指导,虽然不能完全避免幼儿不会感统失调,但可以做一些预防措施。父母及保育人员了解一些幼儿的感觉统合发展需求,并应用到幼儿的养育过程中,则可降低幼儿感统失调的风险与程度。

(一) 生理方面的护理

预防首先要从孕期保健开始做起,准妈妈的孕期生活一定要有规律,避免食用刺激性的食物。如果准妈妈的工作节奏较快,始终处于一种紧张的心理状态,会对胎儿产生不利影响。同样,饮酒、吸烟、狂欢等也会对胎儿的神经系统发育产生一定的影响。

其次,围产期的保健也十分重要。剖宫产出生的婴儿比顺产婴儿出现感觉统合失调的比例高,这是因为剖宫产出生的婴儿没有经过产道的挤压,很容易对触觉的强弱分辨不清。另外,出生时如出现脐带绕颈、窒息等现象,往往也是诱发因素。

再次,婴儿出生后要多参加各种活动。有些住高楼的婴幼儿往往难得去室外活动,出现感觉统合失调的比例就比较高;也有的婴幼儿习惯于玩电动玩具,与传统的玩具相比,电动玩具使手指等部位的精细动作锻炼得较少,也容易发生感觉统合失调;还有的婴幼儿没有经过爬的阶段,就直接进入走、跑的阶段,躯干、四肢及左右脑的协调能力没有得到充分锻炼,也容易出现感觉统合失调。

总之,要提倡婴幼儿多参加各种运动,勤动手、动脑,加强精细动作的锻炼。

(二) 心理方面的护理

感觉统合失调的婴幼儿在接收外界信息方面存在着一定的障碍,他们的内心是十分敏感的,他们需要父母的帮助和一定量的感觉统合训练来提高感觉统合能力。那么,对这类婴幼儿,在心理护理方面需要做到以下三个方面。

第一,要了解婴幼儿的真实情况,对一些异常行为有所警觉,不要对婴幼儿恶声恶气或满脸怨气。婴幼儿感觉统合是否真的有问题,需要专业人员的鉴定,家长可寻求专业人员的帮助并进行训练。这样,家长就不会把婴幼儿学习技能障碍误以为是态度问题。

第二,感觉统合失调是功能性的,经过训练是能够得到一定程度改善的,因此家长对此不必忧心忡忡,要有耐心帮助婴幼儿,并保证一定数量和时间的感统训练。在家里,可开展一些基础的练习,如教婴幼儿拍皮球、跳绳,或者让婴幼儿沿着地板的缝隙笔直地走,做平衡动作。这些活动能协助专业人员巩固婴幼儿感觉统合训练的效果。

第三,有些感觉统合失调的婴幼儿往往注意力不集中,周围一丁点的响声也会使他分心,一般家长对此都不能理解。因此,家长要充实有关婴幼儿心理发展和感觉统合方面的知识,耐心地帮助、训练婴幼儿逐步延长集中注意力的时间;在规定时间内婴幼儿如果再次出现分心的现象,家长应及时提醒。

要说明的是,关于如何促进婴幼儿感觉统合能力发展这一议题,有关专家认为,感觉统合失调确实会造成婴幼儿动作技巧不成熟、动作协调性不够等现象,但这些现象也有可能是由于婴幼儿本身发展较慢,或者还没有达到成熟年龄,或者还在发展、学习某项动作,表现得不够熟练而已。因此,对婴幼儿的异常表现不能一概而论,究竟是发展步调较慢,还是婴幼儿存在着生理、心理问题,这需要由专业人员鉴定。另外,并非婴幼儿所有的问题都能通过感觉统合训练来解决。

（三）感觉统合失调预防的具体措施

感觉统合失调的预防，可具体从以下六个方面入手。

1. 触觉方面

（1）多爱抚婴幼儿：情绪稳定及人际关系的建立，均依赖于安定的触觉系统，而爱抚是促进触觉系统安定的有效方法。

（2）提供干净、自由的游戏空间：让婴幼儿能在地上自由爬行及接触周围物品，切勿总把婴幼儿放在学步车或婴儿车内，使其丧失爬行和用手触摸物体的机会。

（3）对触觉防御过当的婴幼儿，父母可以在他们洗脸、洗澡或睡觉前，以手或柔软的毛巾轻轻地触压，或按摩婴幼儿的手、脚或背部。

（4）对触觉迟钝的婴幼儿，父母一方面可用软毛刷子刷婴幼儿的手心、手臂及腿部，以唤醒其触觉；另一方面，可以给婴幼儿玩毛绒玩具，让其在玩耍中不知不觉地增进触觉识别能力。

（5）对触觉过分依赖的婴幼儿通常有吸吮奶嘴、手指或手帕的习惯，父母不要采用高压或恐吓的方式来纠正这些习惯，而应该先适当地满足婴幼儿对触觉的需要，以加强亲子间的关系，使婴幼儿有安全感，然后才要求他们逐渐改掉这些习惯。

2. 前庭平衡方面

（1）善于用摇篮，采取俯卧位、仰卧位、侧卧位、头脚颠倒等体位进行荡秋千活动。

（2）多提供骑木马、坐电动玩具、玩滑滑梯、荡秋千、跳弹簧垫等活动机会。如果婴幼儿前庭抑制功能不良，易出现头晕等反应时，家长仍应让他们参与上述活动，但要适度，并加强保护，还要给予心理上的支持。

3. 肌肉关节动觉方面

要重视婴幼儿的运动，婴幼儿玩弄或舔咬自己的手、脚，摔东西，敲打玩具，搬弄桌椅或爬上爬下，都是在从事有益的活动。因此，父母千万不要因为事后收拾麻烦，或怕婴幼儿碰伤就全面禁止其活动，而应以积极的态度使婴幼儿得到适当的锻炼。

4. 精细动作方面

（1）婴幼儿期要提供丰富的触觉刺激。

（2）在上小学前，家长应让婴幼儿有许多涂鸦、剪贴、捏泥巴和黏土、扣纽扣、握笔、做简单家务的机会。

5. 视知觉方面

（1）丰富婴儿期的视觉刺激。

（2）提供有益的视知觉玩具，如积木分类、卡片配对、走迷津、玩拼图等。

6. 听知觉方面

（1）对听知觉辨别能力差的婴幼儿，可多训练其闭目倾听环境中的声音，或让他们戴上耳机听故事，以提高对声音的敏感度。

（2）对听知觉过滤能力差的婴幼儿，消极的做法是在其学习的场所，控制不必要的噪声；积极的做法是在有背景音乐的环境中训练他们的注意力、学会倾听，并辨别主题音乐。

（3）对听觉记忆能力不佳的婴幼儿，可带其多做"听命令做动作""听指示画图""复诵数列"或"朗诵文章"等游戏，让他们学习将所听到的话有组织地储存在脑中，然后再将这些知觉印象有条理地运用到日常生活中去。

感觉统合失调的表现不会随着年龄的增长而逐渐消失，12岁以前通过专业的感统训练很容易得到纠正，一旦超过这个年龄很难改变，将会影响幼儿的一生。因此，必须尽早预防婴幼儿的感统失调，及时发现，尽早干预。

思政园地

感觉统合教育是有关所有人"成长"的课程。面对家长与儿童,我们必须要用专业的态度与知识对其进行深入浅出的概念讲解,给予切身相关的专业指导,利用所学去帮助千千万万的家庭,为儿童的健康成长保驾护航。

习题答案

知识巩固

一、单项选择题

1. (   )在 1969 年最先系统提出了感觉统合理论。
   A．赫布(D. O. Hebb)　　　　　　　B．珍·爱尔丝(Anna Jean Ayres)
   C．哈贝尔(Habel)　　　　　　　　　D．威塞尔(Wiesel)

2. (   )是婴幼儿发育良好的最基本的大脑生理功能状态。
   A．感知觉　　　　B．心理发展　　　　C．感觉统合　　　　D．视知觉

3. 感觉统合失调为大脑功能失调的一种,也可称为(   )。
   A．感觉统合障碍　　B．学习能力障碍　　C．大脑功能障碍　　D．心理发展障碍

4. 下列哪一项不属于视知觉感觉统合失调的婴幼儿进行的游戏?(   )
   A．涂鸦　　　　　　B．黑白闪卡　　　　C．卡片配对　　　　D．抚触按摩

二、名词解释

1. 感觉统合
2. 感觉统合失调

三、简答题

1. 简述感觉统合主要包括哪些方面。
2. 简述感觉统合失调的原因。
3. 试述感觉统合失调预防的具体措施。

第二章 感知觉统合与注意力训练

PPT教学课件

学习目标

- 了解感知觉七大模块的定义及统合失调的表现和影响。
- 了解婴幼儿注意力的发展和定义。
- 知道影响注意力的因素及注意力不集中的类别。
- 掌握感知觉统合七大模块的能力分工。
- 掌握注意力评定的方法。
- 能通过感知觉统合七大模块的表现进行感统失调训练。
- 会对婴幼儿进行注意力的评定。

学习重点

- 能通过感知觉统合七大模块的表现进行感统失调训练。
- 会对婴幼儿进行注意力的评定。

学习导引

　　婴儿刚出生时,所有的感觉器官已经有了一定程度的发展,他们已经能够用自己的眼睛去看、用耳朵去听、用舌头去尝、用鼻子去闻、用手指去摸,具备了基本的感觉能力。本章将对感觉统合中的视知觉、听知觉、嗅知觉、味知觉、触知觉、前庭觉和本体觉的发展与感统失调的训练方法,以及有关婴幼儿注意力的评定方法进行介绍。

第一节　视 知 觉

一、视知觉的定义

　　视知觉在心理学中是一种将到达眼睛的可见光信息进行解释,并利用其来计划或行动的能力。眼球接收器官获得视觉刺激后,视觉信息一路传导到大脑,并被接收和辨识的过程,就是视知觉的过程。视知觉包含了视觉接收和视觉认知两大部分。简单来说,看见了、察觉到了光和物体的存在,是与视觉接收有关;而了解看到的东西是什么、有没有意义、大脑怎么做解释,是属于较高层的视觉认知的部分,包括视觉注意力、视觉想象力、手眼协调力、空间认知力等。

二、视知觉的能力

(一)视知觉能力的含义

视知觉是人类感知世界的开始。婴幼儿期是身心发展的重要时期。对婴幼儿而言,视知觉能力在其认知活动中占据着重要的特殊地位,它是婴幼儿认识客观世界的最直接方式,以及日后进行探索和学习的重要途径。

视知觉能力在心理学中是指理解、组织视觉感知刺激的能力。视知觉能力在人们适应环境、进行自我保护、工作及休闲活动中发挥着重要的作用。另外,对阅读、拼写、书写等方面的学习和应用均有重要的影响。

(二)视知觉能力的分类

玛丽(Mary, W. A.)在1933年提出,视知觉能力是有阶层性的,并以金字塔图案呈现,由下到上有等级之分,越上面的等级所需要的视觉认知能力越好。由上到下分别是视觉适应、视觉辨认、视觉记忆、图形识别、扫描、注意力、眼球运动支配、视野、视力。根据视知觉能力的阶层理论,她将视知觉能力划分为以下五种。

1. 视觉联想能力

视觉联想能力就是由视觉经验决定了的联想能力。举例来说,有的婴幼儿看见某一图形或形象,便能联想到相似的或者相反的图形或形象,有的婴幼儿则不能;有的婴幼儿能将破碎的图形联结起来,组成一个完整的、有意义的图形,运用联想弥补视觉信息的不足。

视觉联想能力对于学龄期幼儿解决几何问题、应用题、形象思维问题等,均有很大的帮助。视觉联想能力低下的幼儿,经验贫乏,创造力低下,只能机械地学习。

2. 视觉记忆能力

视觉记忆能力是大脑对眼睛所见到事物的印象保留的能力。有的婴幼儿视觉记忆力很强,对经历的事物过目不忘,对文字、图形和其他事物,看过一遍之后,能保持很长时间的记忆,这对婴幼儿的辨认、思维、理解都有很大的帮助。一旦婴幼儿视觉记忆力不良,则在后期学习中就会在文字书写、文字阅读与图形辨认上感到困难,自然会影响理解力与学习效果。

3. 视觉辨别能力

视觉辨别能力是指个体把一个物体与另外一个物体区别出来的能力,包括求同和求异两个方面的能力。这种能力是短时间内视觉信息注意、视觉信息摄取、提取过去贮存信息、信息对照分析、信息加工判断、言语表达的能力。婴幼儿的学习离不开对人、物、线条、图形或文字的辨别能力,这种视觉分辨能力随着年龄的增长而不断提高。视觉分辨能力是影响婴幼儿学习的重要因素,一些婴幼儿到了入学年龄如果没有正常的视觉分辨力,当进行抄写、阅读课文的学习活动时,自然会力不从心。

4. 手眼协调能力

手眼协调能力是指视知觉与手部动作的协调程度,它反映了婴幼儿视知觉和活动反应的协调能力。视知觉与动作总是密不可分的,看见学习材料之后必有所反应,或是书写,或是言语表达,所以手眼协调能力是视知觉能力的重要内容。例如,跳绳、丢接球、拍球、仿绘、剪纸等众多项目训练可提高幼儿的手眼协调能力和写作业的速度。

5. 视觉追踪能力

视觉追踪能力是指协调眼球运动,跟随和追踪物体的能力。例如,要求婴幼儿在头部保持不动的情况下,眼睛可以稳定注视一个活动的物体,这就是视觉追踪能力。这项能力对婴幼儿的阅读活动影响很大,它将直接影响幼儿阅读的准确性、速度及审题能力。

三、婴幼儿视知觉的发展

视觉成熟最重要的标志是焦距。刚出生的婴儿,只能接受单纯和强烈的光线与颜色,如黑色或白色、大色块或简单的线条及图形。因此,有人认为婴儿只能看到黑、白两色,就将婴儿房和玩具都以黑白色系呈现,这未免矫枉过正了。婴幼儿所有的感官和神经系统,都在快速成长中,没有必要将他们的视知觉设定在一个点上。事实上,1～2个月的婴儿可以看到模糊的影像,喜欢鲜艳的颜色和强烈的黑白对比,还可以追视物体及光源;2～3个月的婴儿逐渐有了注视和两眼固视的能力,不过无法持久区分面孔,区分相近的颜色(如黄色、红色和橙色);3～4个月的婴儿已经可以比较顺利地捕捉视野内的移动物体,拥有了"追视"的能力,并表现出对某种颜色的偏爱;到了6个月,他们可以进行抓物,手眼协调能力开始发展;1岁左右的婴幼儿视功能充分发展,视觉敏锐,喜欢借由眼睛引导手部活动,喜欢触摸所有看到的事物,手眼协调能力快速成长;2岁左右的幼儿远距视觉开始发展,可以判断物体的远近,可以指出自己喜爱的颜色,视觉记忆能力增强;3岁左右的幼儿可以分辨出几何图形,具备了基础认知,开始拥有深度知觉能力,空间感提高。

婴幼儿最喜欢看车窗外移动的景物,任何动态的物体比静止的物体更能引起其注意力。随着年龄的增长、活动的增加,婴幼儿会盯住较远的地方,视觉也逐渐地稳定下来。稳定视觉后,便能左右及上下移动,这也是阅读的开始。通常在3～4岁,幼儿的视焦距趋于稳定,在这之前,幼儿的中心视觉无法完全协调成一个影像。

四、视知觉统合失调的表现及影响

1. 视知觉统合失调的表现

婴幼儿视知觉统合失调的主要表现:眼睛注视事物不稳定,阅读中容易出现跳字、漏行,读多遍仍无法流利阅读,经常出现多字或者少字的现象;书写时,字体的偏旁部首顺序颠倒,甚至表现出不识字、抄错题、难以辨别图像的细微差异等情况;在空间知觉方面,空间感知能力差。

2. 视知觉统合失调的影响

眼睛是视觉器官,是了解外部世界的窗户,婴幼儿视知觉的健康发展对于认识世界、获取经验、适应环境等具有十分重要的作用。在生活中,接近80%的有效信息是通过视觉系统获得的,视觉系统的良好运行是婴幼儿生活与学习的基础,所以会说"百闻不如一见"。

视知觉统合失调会对婴幼儿的成长产生严重影响,尤其会对婴幼儿日后的学习产生不利影响。例如,在学习时出现阅读困难,具体表现为漏字审行、翻错页码等;常出现写字时过重或过轻、字体大小不一、字体写出格等视觉上的错误,从而造成学习障碍。此外,视知觉统合失调也会影响幼儿的生活,他们常常丢三落四,生活无规律。一个发展中的婴幼儿,如果出现了视知觉统合失调,注意力将很难集中,经常会忘记大人的要求,也会影响他们的正常生活。久而久之,他们会怀疑自己的能力,影响健康成长。总之,视知觉统合失调会给婴幼儿带来很大的影响,如果不及时干预,会对婴幼儿的未来造成不可逆的影响。

五、视知觉统合失调的训练方法

视觉感知是可以通过训练提升的,适当的活动、游戏和练习可以刺激和增强婴幼儿的视觉分辨能力、视觉广度和追踪能力,使他们在需要运用视觉统合的活动中,能够做出适当的手眼协调反应。

我们可以根据婴幼儿所处的环境进行针对性的教具指导。例如:早教中心或是托育中心由教师作为主导者,引导家长共同参与,帮助婴幼儿进行视知觉统合训练。

1. 视觉辨别能力训练方法

（1）找不同

操作方法 请幼儿在规定时间内准确找出两幅图的差异，并用笔圈出来。

（2）图形划消

操作方法 请幼儿在规定的时间内准确地将需要划消的图形全部画掉。

2. 手眼协调能力训练

（1）88轨道

操作方法 指导幼儿将小球置于轨道上，两手握住88轨道的手柄，利用手指手腕的力量使小球滚动（见图2-1、图2-2）。

图2-1　88轨道a

图2-2　88轨道b

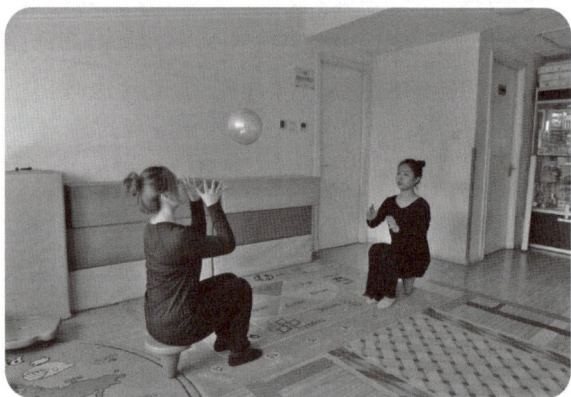

图2-3　坐独脚凳传接球

注意事项

刚开始时需有老师或家长给予帮助；
掌握好滚动的速度。

（2）坐独脚凳传接球

操作方法 当幼儿在独脚凳上坐稳后，让其双手叉腰，双腿轮流抬起。同时，和教师或小朋友做传接球的游戏（见图2-3）。

延伸活动

两人对坐着玩拍手游戏，看谁能够稳得住，不歪倒；

双手伸展平举或上举；

手摸脚背，踢腿时伸手向前尽量去摸踢起来的脚背，先用对侧手摸，再双手一起摸。

（3）球类活动：趴地推球、拍球、昂首定点投球

趴地推球操作方法：让幼儿趴在地上，面对墙壁，距离墙壁约20厘米，抬头挺胸，双臂悬空，双手将球推向墙壁，待球从墙壁弹回后接住，然后再推向墙壁，如此反复（见图2-4）。

拍球操作方法：教幼儿把球抛向地面，当球从地面上弹起时再往下拍，看看能拍多少个。对于刚开始练习拍球的幼儿，可允许其跟着球跑，只要能接住弹起来的球就行，逐渐熟练以后，则可增加

难度(见图2-5)。

昂首定点投球操作方法:在墙壁上标示出投球位置,让幼儿站立在地板的相应位置,将手中的球投到墙壁定点位置(见图2-6)。

图2-4　趴地推球

图2-5　幼儿拍球

图2-6　昂首定点投球

第二节　听 知 觉

一、听知觉概述

(一) 听知觉的概念

听知觉是指人在注意力集中的状态下用听觉获取信息的能力,即大脑对耳朵接收到的声音信息进行加工和处理,并与过去的经验整合,从而产生知觉(声音的位置、意义、发展等)的过程。

(二) 听知觉与注意力的关系

从心理学角度讲,注意力是认知加工过程中的状态,而听知觉便是一个重要的认知加工过程。它们两者的关系是:注意力不足会影响听知觉的加工过程。例如,幼儿的注意力不足,不能将注意力指向老师讲课的声音并维持稳定(保持注意力的稳定性),便会影响听知觉的处理。婴幼儿的听知觉功能是一个发育、发展的过程,如果长期听觉注意力不足便会影响听知觉的发展。

反过来,如果听知觉能力不足,婴幼儿也可能表现出注意力不足的现象。例如,如果幼儿的听觉分辨力不足,导致上课听讲困难、听得吃力、听不懂,就容易引起注意力分散和转移。

（三）听知觉与学习的关系

婴幼儿的学习主要通过视、听、动三种感知觉通道进行，如果听知觉功能不足，将对学习特别是语言学习产生较大的影响。例如，听觉分辨能力不足会导致难以区分音近字、音近词，听知觉记忆能力不足会导致无法听全重要信息，听知觉理解能力不足会导致听讲能力和阅读能力落后等。

二、听知觉的能力

学生上课基本上是处于听讲的过程，有专家曾做过统计，小学生50％的上课时间是在听教师讲话。但是，教师却经常会遇到这样一些学生：上课不能长时间听讲，注意力分散；记不全或记不住教师口头布置的家庭作业或其他事情；无法理解教师讲课的内容，复述事情语无伦次；等等。然而，这些学生的智商又属正常范围。

其实，这些学生是缺少一种重要的学习能力——听知觉能力。听知觉能力包括听觉辨别能力、听觉记忆能力、听觉编序能力、听觉理解能力、听说结合能力五个方面。

（一）听觉辨别能力

听觉辨别能力是指接收和辨别各种声音的能力。婴幼儿听觉辨别能力低下会对区别不显著的声音产生混淆，影响听课的效果。训练婴幼儿听觉的辨别能力，不但可以在一定程度上帮助其克服在课堂上"听不清"的情况，还可以培养其良好的倾听习惯。经常让婴幼儿辨别不同的音调、不同的音色，辨别声源的方向、相近的声音，目的就是增强婴幼儿的听觉辨别能力。

（二）听觉记忆能力

听觉记忆能力是指婴幼儿保持并复述所听到信息的能力，如能记住老师口头布置的作业。听觉记忆训练，不但可以加强婴幼儿听觉的记忆力和听知觉的广度，减少婴幼儿对较长的听觉信息无法记全等情况的发生，而且可以促进婴幼儿对新旧知识的联系，产生联想，加强对知识的理解。选择一些婴幼儿感兴趣、难度适当的语句让其听并模仿说，从而提高婴幼儿的听觉记忆能力。

（三）听觉编序能力

听觉编序能力是指婴幼儿将过去靠听觉所获信息的先后顺序回忆出来，以及将所获得的听觉信息加以组织使之有意义的能力。听觉编序能力对婴幼儿将所学的知识有系统、有组织地保留下来是非常有帮助的。让幼儿听故事并复述，顺背倒背数字，可以提高这方面的能力。

（四）听觉理解能力

听觉理解能力是指婴幼儿辨识声音及说话内容的能力。有些婴幼儿虽然智力水平、知识结构都具备了听讲能力，但对教师讲课内容却听而不闻，原因之一就是听觉理解力差。因此，成人可以多与婴幼儿交谈，多让婴幼儿接触各种声音，多充实与婴幼儿生活相关的词汇，以增强婴幼儿的听觉理解力。此外，给听觉刺激配以动作、图画，口头布置任务让婴幼儿完成等方法，均有助于提高婴幼儿的听觉理解力。

（五）听说结合能力

在现实生活中，听与说总是密不可分的，不会听讲的婴幼儿，说话往往语无伦次。听与说的结合涉及婴幼儿对听到词汇的联想、推理、判断等能力。所以，听说结合能力也是听知觉的重要内容。通过学说同义词、反义词，听音乐进行联想，将句子补充完整，听故事后自编故事结局等形式来训练幼儿这方面能力，可取得显著的效果。

三、婴幼儿听知觉的发展

听知觉在婴幼儿心理发展过程中具有重要的意义，是婴幼儿探索世界、认识世界，从外界获取信息不可缺少的重要手段。语言、音乐等能力的发生和发展都离不开听知觉。婴儿听知觉的发展大致有以下五个阶段。

（1）胎儿在母亲孕期的第 5 个月就有了听觉能力，第 6 个月时听觉感受器就已基本发育成熟，出生以后就能适应生活中的各种声音（除噪声以外）。

（2）新生儿喜欢听母亲的说话声和轻松、优美的音乐声，尤其是听到胎教音乐时会表现出相对的安静、愉快和安全感；对强烈的噪声表现出烦躁的情绪。

（3）出生 3 个月时，能够明显地集中听觉，能够感受不同方位发出的声音，并且向声源方向转头。

（4）出生 5～6 个月时，对于声、像刺激相吻合的物体注视的时间会更长一些；到了 7～8 个月时，能根据声音的方向用视觉去寻找发声的物体，声音的分辨能力明显提高。

（5）一岁半左右，一般都会将肢体动作与音乐的节奏和旋律相吻合。有的幼儿 2 岁以后，能静下心来倾听一段音乐。

四、听知觉统合失调的表现

婴幼儿听知觉统合失调表现为听知觉敏感、听知觉迟钝、习惯不良，具体表现如下：

（1）听力完全正常，却充耳不闻，对家长和老师说的话像"耳边风"似的；

（2）听他人讲故事时显出不耐烦的样子或东张西望，经常打断别人说话；

（3）上课时爱走神、做小动作，常因外界的细微干扰而分心；

（4）复述故事时颠三倒四、逻辑不清或遗漏很多信息；

（5）喜欢无端尖叫或自言自语；

（6）对巨响反应较弱，甚至无反应；

（7）喜欢自己阅读而不愿听他人读。

五、听知觉统合失调的训练方法

（一）呼唤婴幼儿的名字

分别在婴幼儿头部的两侧亲切地呼唤其名字，使婴幼儿听到大人的声音后出现注意的神情。家里人都可以来呼唤婴幼儿的名字，使其慢慢熟悉全家人的声音。

（二）听不同的声音

用装有大豆或小石头的塑料瓶、铃鼓等可以发出不同声音的器物，分别在婴幼儿的耳边（距离 10 厘米左右）摇晃，让其注意声响，一天进行几次即可。

（三）看摆动玩具

在婴幼儿床头上方吊挂发声的玩具，使之来回摆动，吸引婴幼儿看和听的兴趣。只要婴幼儿在觉醒状态下，都可以这样做一做。

（四）听柔和的音乐

让婴幼儿听一些舒缓、优美的高雅音乐，每天 2 次左右，每次 5～10 分钟。也可以让婴幼儿继续听胎教音乐，这样他会感到亲切和安逸。这些音乐不必刻意要求婴幼儿去听，只要把它当作一个背景音乐，在婴幼儿吃、玩、睡时播放即可，会在他们听觉记忆中留下许多美妙旋律。因此，要让婴幼儿长期坚持听美妙高雅的音乐。

（五）听移动音乐

用手机播放欢快的幼儿歌曲，先使手机停留在婴幼儿视线之内，使其注视手机，然后把放着歌曲的手机在婴幼儿面前左右移动，也可以作上下移动，这样可以促进婴幼儿视觉和听觉，以及头部运动能力的同步发展。

（六）听鼓声

成人左手持手鼓，右手轻轻地拍打鼓面，发出轻重不同、节奏变换的鼓点声。要让婴幼儿看到击鼓过程,成人应随敲击节奏的变化做出各种面部表情。这也是训练婴幼儿听觉能力的一个好方法。

(七) 听手表声音

可以将手表贴近婴幼儿的耳朵,让其听听表针走动的微弱声音,以训练婴幼儿对声音的分辨能力。另外,还可以让婴幼儿听一听清脆的闹钟声。

(八) 寻找声音

将一个婴幼儿熟悉的发声玩具藏在其衣服内,或者藏在旁边的枕头下、被子里,让婴幼儿听到玩具的声音并引导其去寻找。

(九) 摇铃铛

用铃铛或手鼓在婴幼儿头上、背后、脚下等部位发出声音,让婴幼儿去寻找声音和物品。

(十) 玩声响玩具

当婴幼儿会用手抓握物品时,可以多给他一些能发出声音的玩具,如摇铃、手鼓等,让其自己摇动或对撞。

(十一) 倾听大自然的声音

当婴幼儿可以到户外活动时,就要尽可能地让他倾听大自然的各种声音,如风声、雨声、流水声、浪击声、鸟叫声、蝉鸣声等,这些自然界的原生态声音,能使婴幼儿耳聪目明、心旷神怡。

第三节 嗅知觉

一、嗅知觉的定义

嗅知觉是通过嗅觉器官对所接收到的物体的气味信息进行加工处理,对比以往经验,形成对事物的知觉的过程。人对各种气味的辨别,一般通过对四种气味的感觉来实现,即香(芬芳)、酸、焦气味(焦糖味)和腐臭。嗅觉的适宜刺激物是有气味的物质,而且绝大部分是有机物质。嗅觉感受器是位于鼻腔上部两侧黏膜中的嗅细胞。嗅觉的传递较为特殊,一般认为不经过丘脑,嗅细胞受到刺激兴奋后,发放冲动直接传入嗅球而产生嗅觉。

引起嗅觉的刺激是气化的化学物质。气化物靠空气扩散,故而嗅觉是距离性感觉,也就是不必直接与刺激起源相接触,就可以产生嗅觉。

二、嗅知觉的能力

嗅觉的重要性对于不同物种是非常不同的。相对于人类来说,狗、老鼠、昆虫和很多其他以气味为主生存条件的生物具有相当敏锐的嗅觉。人类似乎主要将嗅觉与味觉相结合来寻找和获取食物,但是也有一些证据表明人类有分泌和感受信息素类物质的能力。

尽管一些美食家具有辨别微小和复杂味道的超常能力,但很多时候他们主要依靠的是嗅觉而非味觉。当进餐时,味觉和嗅觉常常紧密地联系在一起而共同起作用。当人患感冒时,食物似乎显得很无味,因为人的鼻部通道被堵塞而闻不到食物的味道。

(一) 嗅觉分辨能力

嗅觉分辨能力是指通过嗅觉辨识环境当中气味的属性或性质来认识事物的能力。例如,我们能辨别苹果与橘子,或酒和醋的不同气味。人通过嗅觉多方位感知外界环境以增加适应能力,这就是人的嗅觉分辨能力。与通过视觉获得图片信息的能力一样,嗅觉是人不可缺失的一种能力,如果人没有嗅觉分辨能力,那五彩的人生就变得单一了。

(二)嗅觉防御能力

嗅觉防御能力是指人通过嗅觉闻到的气味来辨识环境会不会对自身造成伤害,而采取应变措施的一种能力。例如,当人闻到有刺激性的气味就会捂住口鼻以躲避气味对人体的伤害,这就是人自我防御的一种反应,以此来保证适合生存的环境。

(三)嗅觉记忆能力

嗅觉记忆能力是指闻到过的气味信息储存在大脑里,并在下次闻到气味时分辨出此气味是什么物质发出的能力。嗅觉记忆力可以帮助人们认识、分辨环境和生活当中的事物,增加适应能力和认识事物的能力。

三、婴幼儿嗅知觉的发展

新生儿能对各种气味做出各不相同的反应。新生儿出生后的第一个月末,经多次刺激、反应的结合,可用香味形成食物性条件反射。出生 4 个月的婴儿,嗅觉的分化已较稳定,能区别出好闻的气味和不好闻的气味。一般认为,个体对气味的感受在 6 岁时已发展完好,其后在整个成年期保持较高的一致性。

四、嗅知觉统合失调的表现

(1)嗅知觉统合失调的婴幼儿在闻到某种味道后会出现头疼、恶心、眩晕等不良反应,或者特别排斥这种气味,日后可能出现偏食、挑食、厌食等问题。

(2)嗅觉分辨能力失调会造成婴幼儿对气味敏感或闻不到气味的问题,影响情绪认知和适应能力,还可能会影响婴幼儿社交兴奋度、心理承受能力,以及情绪和注意力。

(3)嗅觉防御能力失调会造成婴幼儿过于敏感谨慎、胆小,反应过激、防御过当,进而影响婴幼儿的适应能力和社交能力。

(4)嗅觉记忆力不足会造成婴幼儿无法分辨嗅觉所对应的事物,进而无法做出正确的判断。

五、嗅知觉统合的家庭教育措施

(一)闻生活用品

将婴幼儿的生活用品,如香皂、爽身粉、香水等,给婴幼儿闻一闻,这种训练可以促进婴幼儿嗅觉能力的发展。

(二)嗅觉灵敏度游戏

(1)从三种分别发出酸味、香味和焦味的食物中任意取出一样,放在孩子鼻子下面来回晃动三次,每次间隔大约 10 秒钟。摇晃的同时,问孩子食物气味的种类,例如:"宝宝,来闻一闻这是什么气味?"

(2)每一种食物摇三次以后,更换另一种食物重复上述动作,一直到三种食物全部使用完毕为止。

(3)在给孩子闻气味的时候,要注意孩子的表情动作。针对不同的气味,孩子会表现出不同的反应。如果孩子没有反应,就要调整食物气味的浓烈程度或与孩子鼻子之间的距离。

(三)闻一闻酸味和臭味

让婴幼儿闻一闻香醋,以感受酸味;闻一闻腐乳制品,以感受臭味。

(四)辨味训练

(1)准备 12 个大小相同的塑料瓶或玻璃瓶;6 种香料,如桂皮、香叶、花椒、豆蔻、生地、八角。

(2)将 12 个瓶子平均分为两组,一组做样本,一组做对照,分别放入 6 种香料,盖紧盖子。

（3）随机从样本组中抽取一个瓶子,让幼儿闻闻瓶内的气味。

（4）让幼儿在对照组中,找出相同气味的瓶子成为一组。

（5）直至所有样本都能找出与之对应的瓶子。

（五）选择性训练

找到3个容器,每个容器内各倒入1毫升的醋(或酒精或酱油等)。然后在第一个容器里倒入100毫升水,第二个容器里倒入200毫升水,第三个容器里倒入400毫升水,让幼儿分辨出容器里是什么气味,并分辨出哪个容器中的气味浓度较高。

（六）燃烧气味分辨

让幼儿辨别头发丝、小木棍、干的橘子皮燃烧后产生的不同气味。

（七）粉末扩散气味分辨

找到花椒粉、辣椒粉、姜粉、花粉等粉状物质,老师用手指捏稍许粉末抛入空中,让幼儿通过嗅觉分辨出空气当中是什么气味。

（八）挥发性气味分辨

找不同水果味或花香的三种香水,让幼儿去闻并选择自己喜欢的香水涂在身上,然后说出为什么喜欢这种香水的气味,它的气味像什么。

第四节　味　知　觉

一、味知觉的定义

味知觉是指对物质味道的知觉,即以味觉通道为主,通过多种感觉通道(如嗅觉、视觉等通道)协同作用,对能引起味觉的化学刺激物形成的直接的、整体性的反应。

二、味知觉的功能

味知觉是婴幼儿期非常重要的一种学习能力,味知觉教育需要相当的耐心和时间。味知觉承担的功能主要有以下三个方面。

（一）味觉的分辨功能

味觉的分辨功能是指人对进入口腔的食物分辨出其味道,即酸、甜、苦、咸的能力。

（二）味觉的防御功能

味觉的防御功能是指通过口腔对食物的味道进行分辨,来判断是否对人体产生伤害的能力。例如,人吃到发霉的食物会下意识地呕吐出去,以保证人体不被坏的食物所侵害。

（三）味觉的记忆功能

味觉的记忆功能是指人将品尝过的味道储存在大脑里,当下一次再遇到此味道时便能知道此食物是什么的能力。例如,我们没有看到牛和羊,当吃到牛肉或羊肉的时候即可知道它是哪种动物的肉,也就是味觉的记忆功能帮助我们了解食物、认识事物,以了解环境。

三、婴儿味知觉的发展

（1）出生第2天的婴儿就有味觉能力,1个月以内能辨别咸、甜、酸等不同的味道。当把甜的液体放到婴儿嘴里时,他们表现出很轻松愉快的表情,并满意地吸吮起来,但对咸、酸或苦味液体则做出皱鼻子、噘嘴和不规则的呼吸等拒绝性的反应。

（2）4～5 个月的婴儿对食物的微小改变已经很敏感。

（3）6 个月到 1 岁，这一阶段味觉发展最灵敏。

四、味知觉统合失调的表现

婴幼儿可能会发生味知觉失调，味知觉失调的婴幼儿在尝到某种味道后会出现头疼、恶心、眩晕等不良反应。衡量婴幼儿味知觉是否失调，最简单的方法是观察婴幼儿对苦味、辣味食物的接受度。如果只有淡淡的苦味或者辣味，婴幼儿也极端排斥、呕吐，则属味觉不良，日后可能出现偏食、挑食、厌食等问题。

总之，味知觉失调会造成婴幼儿挑食、厌食、异食癖、情绪敏感、防御过当、注意力不集中、适应性慢等问题。

五、味知觉统合的家庭教育措施

婴幼儿嘴巴小、牙齿少，吃东西比较慢，所以不能赶时间，要一口一口慢慢咀嚼，这样不但有助于消化，也比较容易让婴幼儿养成好的饮食习惯。14～15 个月，可以让幼儿自己吃，即使吃得满地都是也无妨，吃完后清理干净即可，这样能锻炼幼儿大小肌肉及手眼的协调性。

（一）喂果汁

适当喂婴幼儿喝一点各种水果榨成的汁，一是可以刺激味觉的发展，二是可以增加维生素，为以后学会吃辅食做好味觉适应的准备。

（二）及时增加辅食

婴儿 6 个月时，不管母乳是否充足，都要开始逐渐添加辅食。一方面是为了满足婴儿身体发育的营养需求，另一方面是为了让婴儿除了习惯于母乳或其他乳品的味道以外，要让其味觉尽早适应其他食品的味道（如咸的、甜的或酸的），为以后断奶做准备。

（三）吃水果肉

婴儿从 4 个月开始，成人就可以用小勺刮一点苹果汁或果肉喂给他吃，也可以喂一点香蕉肉、橘肉、橙肉等给婴儿吃，以促进其味觉发育。

（四）适当吃一点苦味

婴幼儿生病吃药时，告诉他药是苦的，让其体会食物的苦味。

（五）酸度练习

找到三个容器，每个容器各放 1 毫升的醋，然后第一个容器里放 100 毫升水，第二个容器里放 200 毫升水，第三个容器里放 400 毫升水，让幼儿品尝出容器里装的是什么，并说出哪个容器里的味道比较酸。

（六）甜度练习

找到三个容器，每个容器内均放 25 克白糖，然后第一个容器里倒入 100 毫升水，第二个容器里倒入 200 毫升水，第三个容器里倒入 400 毫升水，让幼儿品尝，并说出哪个容器中的味道最甜。

（七）咸度练习

找到三个容器，每个容器内均放 25 克盐，然后第一个容器里倒入 100 毫升水，第二个容器里倒入 200 毫升水，第三个容器里倒入 400 毫升水，让幼儿品尝，并说出哪个容器中的味道最咸。

（八）苦度练习

找到三个容器，每个容器内均放一片苦瓜，然后第一个容器里放 100 毫升水，第二个容器里放 200 毫升水，第三个容器里放 400 毫升水，让幼儿品尝出容器里的物质是什么味道，并说出哪个容器中的味道最苦。

(九)分辨练习

两个容器里各倒入200毫升水,分别放入5克糖和5毫升醋,让幼儿品尝出容器里物质的味道。

(十)混辨练习

容器里放入200毫升水,放入不同量的盐、糖、醋,让幼儿品尝出容器里的物质有什么味道,并说出哪种味道较浓。

第五节 触 知 觉

一、触知觉的定义

触知觉是指个体通过触觉获得外界信息,并在原有知觉及经验的帮助下产生的对当前事物的各属性、各部分以及它们之间关系的综合整体反应。

触觉,也称压觉,是皮肤表面承受某物体压力或触及某物时所产生的一种感觉。触觉的产生因情况不同分为两种:一为被动触觉,是由物体置于皮肤上所生压力而产生的;另一种为主动触觉,是由于当事人以肢体主动接触物体时所产生的。根据人类经验可知,即使以同一物体为触觉刺激,主动触觉的敏感程度也将高于被动触觉。

在所有感觉信息中,触觉刺激的频率最高,从肌肉关节到全身皮肤,每天都有无数不断的触觉信息;触觉信息输入大脑,脑干将这些信息加以过滤,一些对大脑思考及反应不重要的信息被抑制下来。因此,通常我们对来自衣服、微风等一些不重要的碰触都不产生明显的触觉反应,这也使大脑不至于太紧张和忙碌。

引起触觉反应的刺激强度,因身体各部位敏感度的不同而有很大的差异:舌尖、口、唇、指尖等部位,远较肩、背、臀、腿等部位敏感。因此,皮肤上产生触觉的感受器,并非平均分布于皮肤的表面,而是以成为很多小点的方式散布着,只有在这些点上才有触觉。这些小点,称为触觉点,也叫压觉点。

二、触知觉的功能

触觉对人的发展具有非常重要的意义,具体可概括为以下六项功能。

(一)安抚情绪

皮肤被抚摸会使血清素活性分泌增加,肾上腺皮质素的分泌降低,并带给身体舒适感,同时还可减轻压力,让情绪获得舒解。婴幼儿情绪发展和亲子依恋关系的建立,与触知觉有重要关联。

(二)促进成长

婴幼儿获得丰富的触觉刺激,迷走神经会更加活跃,进而促进生长激素、胰岛素的分泌,帮助营养吸收、体重增加、身体长高。反之,如果缺乏触觉刺激,将导致脑部生长激素减少。动物实验研究显示,缺乏触觉刺激的脑部神经元死亡率是正常情况的两倍。

(三)保护性防御

当婴幼儿遭受痒、蜇、刺、烫等恶性刺激时,为了保护自己免受伤害,触知觉会感知恶性刺激,本能地出现逃避反应。这种防御部分是源自本能的无条件反射,部分是建立在后天经验基础上的条件反射。

(四)促进动作灵活

触觉感知是婴幼儿最初的学习方式。触觉会影响运动神经的反应,如触摸唇角诱发吸吮反射,触摸掌心诱发抓握反射等。手的触觉辨识敏锐度能强化手部精细动作的协调。先天无手或后天手被截肢的人,如果加强脚部训练,其触觉敏锐度及精细动作协调都会大幅进步,进而取代手的功能。

(五) 辅助视知觉

婴幼儿出生后虽能看得见物质,但视力还很差。相较之下,触觉已稍具基础。婴幼儿累积丰富的触觉经验,有助于建立正确的视知觉(大小、形状)判断意识。

(六) 充当沟通途径

触觉是婴幼儿出现正式语言前的沟通途径。触摸可被称为最初的语言,是最直接的非语言沟通方式。因此,父母要多拥抱、抚摸、轻拍婴幼儿,传达对婴幼儿的关爱、安抚。失聪者、失明者更需仰赖触觉补偿所欠缺的听觉、视觉信息。

三、婴幼儿触知觉的发展

人的胚胎有三层结构,内层发展为内脏,中层发展为骨骼肌肉,外层发展为皮肤和神经细胞。也就是说,人类的触觉和神经体系是相关的,触感便是神经组织最重要的"营养",触觉的敏锐度会影响大脑辨识能力、身体的灵活性及情绪的好坏。

触觉是最原始的感觉。新生儿和1岁前的婴儿,口腔是主要的触觉器官;之后,手成为主要的触觉器官。

(一) 婴幼儿触知觉的发生

婴幼儿从出生时就有触觉反应,多种天生的无条件反射也都有触觉参加,如吸吮反射、防御反射、抓握反射等。

(二) 口腔的触知觉

婴儿出生后,不但有口腔触知觉,而且通过口腔触觉认识物体,也就是婴儿对物体的触觉探索最早是通过口腔的活动进行的。例如,2个月大的婴儿在吸吮时,对熟悉的物体,吸吮的速度逐渐降低,出现习惯化现象。可是,换了新的物体后,他又用力吸吮,即出现去习惯化。这种事实表明,婴儿早期已经有了口腔触觉的探索活动,口腔触知觉有了辨别力。当婴儿的手的触觉探索活动发展起来以后,口腔的触知觉探索逐渐退居次要地位;但在婴儿满周岁之前,口腔触知觉仍然是他认识物体的重要手段。可以说,在相当长的时间内,婴儿仍然以口腔的触知觉探索作为手的触知觉探索的补充。比如,6个月以后的婴儿看见了东西,往往抓住并放进嘴里;部分1～2岁的幼儿,在地上捡起一些物体,也会往嘴里送。

(三) 手的触知觉

手的触知觉是人通过触觉认识外界的主要渠道。换句话说,触觉探索主要是通过手来进行的。婴儿出生后,有本能的触觉反应。比如,抓握反射就是手的触觉的表现,这是一种无条件反射。手的无意识抚摸是继抓握活动之后出现的手的动作。无条件性的抓握反射随着婴儿的生长发育会自然消失。接着出现的是,婴儿的手无意地碰到东西,如碰到被子的边缘时,他会沿着边缘抚摸被子。这是一种无意的触觉活动,也是一种早期的触知觉探索。眼手协调动作的出现,亦即视觉和手的触觉协调活动的出现,是半岁内婴儿认知发展的重要里程碑,也是手的真正触知觉探索的开始。眼手协调出现的主要标志是能够伸手抓住东西,出现在出生后5个月左右;积极主动的触知觉探索是在7个月左右发生的。当婴幼儿学会了眼手协调之后,会逐渐去用手摆弄物体,把东西握在手里,捏它或把它转来转去。

(四) 痛觉

婴幼儿的痛觉是随着年龄的增长而发展的,表现在痛觉感受性越来越高。新生儿的痛觉感受性是很低的。未足月的新生儿,对极强的刺激都没有不愉快的表现,即可能是感觉不到痛。疼痛发生的条件主要包括三个方面:伤害或过强刺激的刺激量、痛觉阈限、痛的情绪。婴幼儿的痛觉阈限是随着年龄的增长而降低的,也就是说,婴幼儿的痛觉感受性是随着年龄的增长而提高的。紧张、恐惧、伤心、焦虑、烦躁等都可以构成痛的情绪成分,它们影响对痛觉的耐受性。大人对孩子的痛情绪可以起暗示作用,消极情绪暗示会使孩子的疼痛感更加强烈。例如,孩子摔倒了,本来没有感到很痛,如果大人表现出紧张情绪,反而可能使孩子受到不良的情绪暗示,也紧张起来,就哭起来了,而且越哭越感到痛。如果孩子摔倒在地时,大人的表情是镇静的,并且对孩子加以鼓励,对孩子发出积极情绪暗示,孩子也就会若无其事地爬起来,继续高高兴兴的。

四、触知觉统合失调的表现及影响

(一)触知觉统合失调的表现

人类皮薄毛少,对触觉刺激的分辨能力最为多元化,这也是人类大脑特有的分辨、分析及组织能力的基础。人类有别于其他动物而拥有广泛细腻的学习能力,这和人类触知觉学习的多元化及复杂化有密切的关系。触觉的复杂性,也使大脑神经中感应触知觉的部分最多,因此触知觉神经和外界环境协调不足,会影响大脑对外界的认知和应变。触知觉统合失调通常分为两类:一类是触知觉敏感,就是防御过强;另一类是触知觉迟钝,也就是防御太弱。

触知觉敏感的婴幼儿,对外界的新刺激适应性较弱,所以会固执于熟悉的经验上。通常表现为黏人,怕陌生人,不喜欢拥挤,缺乏自信,常固执于熟悉的环境和动作中;对任何新的学习都会加以排斥,不喜欢他人的触摸;在团体中容易和别人争吵,朋友少,常陷于孤独中。他们经常会喜欢某种特殊又熟悉的感觉,所以容易有偏食、吸吮手指和触摸生殖器的习惯;不喜欢被人拥抱,却喜欢拥抱别人,并常出现很多令人无法理解的行为。

触知觉迟钝的婴幼儿,反应慢,动作不灵活,大脑的分辨能力差,所以发音或小肌肉运动都显得笨拙,缺乏自我意识,无法保护自己,学习能力也很难发展。

目前,触知觉敏感的婴幼儿日益增多,这和生产环境及婴幼儿生长的环境有关。剖宫产或产前的生产情况使胎儿出生时没有经过产道或产道挤压力量较弱,这些因素都会使婴幼儿的触觉学习比正常生产的婴幼儿少,触知觉敏感的机会自然也较高。

家庭生活环境的改变,不但使婴幼儿活动的空间减少,身体能接触的地方也少了。户外玩沙土、玩水及草地上打滚的游戏也不多了,甚至晒太阳、吹风的机会也都很少了。婴幼儿在触觉学习上的严重不足,是产生触知觉敏感的最主要原因。

(二)触知觉统合失调的影响

触知觉不足会直接引起学习障碍。住在都市大楼公寓的家庭,最要注意的是婴幼儿的触知觉与平衡觉(前庭觉)的教育。现在的一些婴幼儿常被关在空调房里,很少出门吹风或晒太阳,更少有玩沙土、玩水的机会。加上物质条件改善后,统一化程度非常高,同样的食物口味和衣服的触觉,使婴幼儿的触知觉学习普遍不佳。

触知觉在感觉学习中数量最多,也最复杂。触觉又以出生的一刹那受到的刺激最具爆发力,那时全身感觉细胞及感觉神经同时和大脑记忆区进行强而有力的互动。触知觉学习不足,会引发大脑分辨能力不足,对外界的刺激不是太迟钝,便是太敏感,造成婴幼儿适应环境困难。触知觉学习不足,经常会有害羞、黏人、怕生、笨手笨脚、情绪不安以及发育不良等现象,还会衍生挑食、偏食、咬人、自伤等行为,严重的话更会出现自闭现象。触觉神经分布在全身各处,影响最广,也最多元,因此整合作用也最大。触知觉学习差,会引发视觉、听觉、嗅觉、味觉分辨力不佳,甚至会造成大小肌肉及关节协调不良。

五、触知觉统合失调的训练方法

触觉系统的灵敏程度直接影响婴幼儿大脑的辨别能力、身体灵活度和情绪的发展。须给予婴幼儿丰富的触觉刺激促进其神经体系不断完善。对于触知觉失调的训练,常用的训练教具有触觉按摩球、平衡触觉板、平衡步道、触觉垫、大龙球(触点)、阳光隧道、海洋球池等,具体见图2-7至图2-10。

图2-7 触觉按摩球

图2-8 平衡触觉板

图2-9 平衡步道

图 2-10 触觉垫

以下就海洋球池和大龙球(触点)的训练方法进行详细介绍。

(一) 海洋球池的操作方法

第一步：进入球池。

操作方法

让婴幼儿以自己的方式进入球池,可以是轻轻地跨入,也可以是用力地跳入(见图 2-11)。

图 2-11 进入球池

注意事项

(1) 如果婴幼儿不愿意进入,就不要强迫他进去,可给他拿1~2个球让其先在外面玩。

(2) 也可以让家长或教师抱着婴幼儿轻微接触海洋球,增加婴幼儿兴趣。

第二步：藏身其中。

操作方法

让婴幼儿慢慢地坐下或躺下,将身体全部藏入球池中,接受球的挤压,加强对全身触觉系统的刺激和锻炼,以修正其触知觉防御,强化触知觉方面的本体感(见图 2-12)。

图 2-12　藏身其中

第三步：球池中运动。

操作方法

在球池中转动手、脚，划动四肢或翻动身体，摆动头部、颈部，在浮力状态中进行练习（见图 2-13）。

图 2-13　球池中运动

🔍 **延伸活动**

对于年龄稍大的幼儿，还可以让他们：

（1）站在球池中，做踏步运动或跳跃运动（站着走、蹲着走、爬行、单脚跳、双脚跳），或沿某条规定的路径到达目的地。

（2）在球池中藏一种或几种其他质地或大小的物体，让幼儿寻找。可将幼儿分成两组，让他们比赛，看哪一组找得快、找得多。

（3）还可在球池中做"飞机起飞""火车开动""太空人漫步"等游戏，以强化幼儿的运动组织能力。

第四步：球池综合游戏。

操作方法

（1）在球池旁边放置一个高约 1 米的台子，上方悬挂 3 个皮球，红、黄、蓝三种颜色各 1 个，让幼儿自己登上高台,由高台上跳下,先用手击打吊在球池上方的皮球,再跳入球池中。

(2)在距离球池较远处放置一个高台,在球池与高台之间的上方悬挂一根绳索,让幼儿登上高台,双手抓住绳索,像荡秋千一样荡到球池的上方,再跃入球池中。

(3)将球池与吊缆游戏结合起来进行,让幼儿先在吊缆上做各种动作,然后再从吊缆上跳入球池。

(4)将软垫、球池和吊缆组合起来设计游戏:让幼儿爬上软垫,从软垫上滚入球池内;由阶梯爬上高台,再上吊缆,由吊缆跳入球池,从球池出来再做一次前滚翻。

注意事项

(1)进入球池活动时,一定要谨记幼儿安全问题。

(2)可要求幼儿用指定的手拍指定的球。

(3)可用塑胶颗粒、泡沫粒或旧报纸揉成一团团放入体积足够大的容器中代替球池,可发挥相同的功效。

(二)大龙球(触点)的操作方法

第一步:俯卧大龙球。

操作方法

让婴幼儿俯卧在大龙球上,指导者抓住他的双脚,将其两腿平举,并做轻微的前后推拉和左右转动。前后左右快慢的变化可以丰富婴幼儿的前庭感觉,让其有更好的重力感(见图2-14)。

图2-14 俯卧大龙球

注意事项

(1)不要太快,让婴幼儿自己努力去保持平衡,以免滑落到球下。

(2)尽量帮助婴幼儿在大龙球上体会、练习如何利用手、脚及头部的运动来保持平衡,学会保护自己。

(3)尽量让婴幼儿在大龙球上抬头挺胸,并将手和上臂举起。

(4)指导者可扶住婴幼儿的腿部,协助其保持平衡,消除紧张感。

备注:大龙球可以测试婴幼儿的前庭平衡能力和重力感。

第二步：仰卧大龙球。

操作方法

让婴幼儿仰卧在大龙球上，以腰部为支点，由指导者抓住婴幼儿的双脚、大腿或腰部，做前后、左右的推动和滚动（见图2-15）。

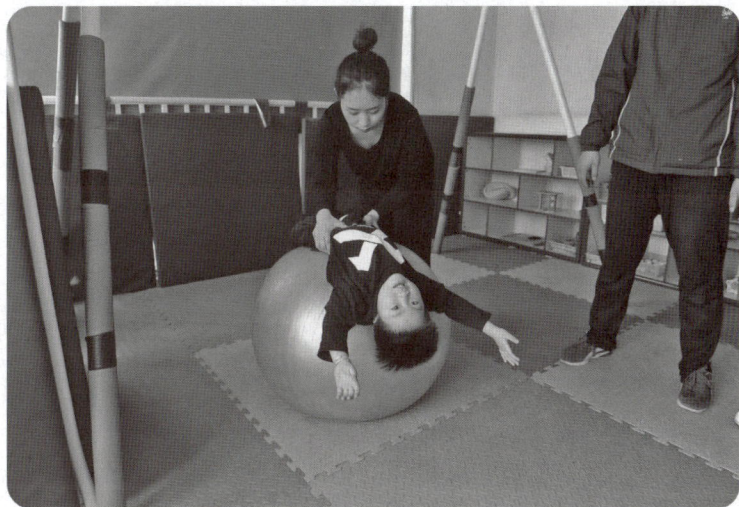

图2-15　仰卧大龙球

注意事项

提醒婴幼儿留意体会全身、关节和肌肉的感觉，指导者协助其控制身体的平衡。

第三步：静坐大龙球。

操作方法

将婴幼儿扶坐在大龙球上，较小的婴幼儿由指导者扶着腰部或手臂，进行前后左右推动，让大龙球在婴幼儿的屁股下面做前后左右的转动。也可扶着婴幼儿的身体，利用大龙球的弹性进行有节奏的上下振动（见图2-16）。

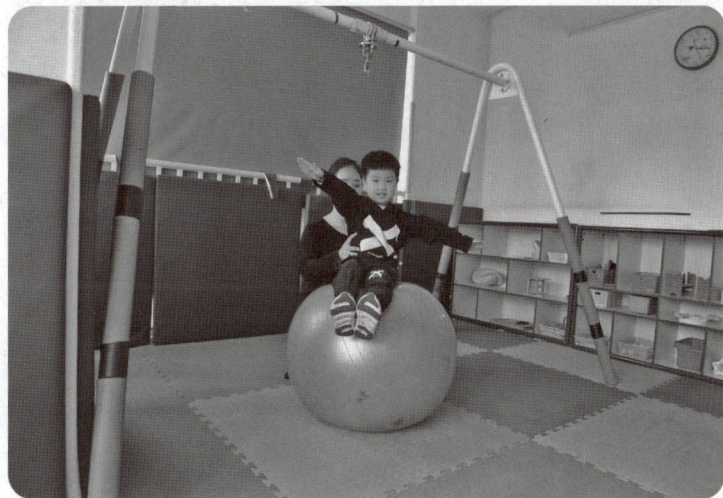

图2-16　静坐大龙球

🔍 **延伸活动**

(1) 让婴幼儿坐在大龙球上,由指导者协助保持球的稳定,指导婴幼儿双手平举或叉腰保持平衡。

(2) 让婴幼儿坐在大龙球上,由一名指导者协助扶住大龙球,另一名指导者递球和小圈圈给婴幼儿,让其伸手接球并将球投入指定的篮子或将小圈圈套在指定的目标物上,也可由另一名指导者与婴幼儿做抛、接球的练习。

注意事项

(1) 做这项游戏之前,应先做好前面的俯卧大龙球游戏。

(2) 对大一些的幼儿,指导者可以尝试放手。

(3) 大龙球上的游戏可以持续摇晃 60 下到 200 下不等,对不适应的婴幼儿,可先做 20 下,再逐步增加到 60 下。

第四步:大龙球压滚游戏。

操作方法

让婴幼儿俯卧或仰卧在地上,指导者将大龙球放置在他的身体上,慢慢地进行前后左右的滚动,或在上面进行轻轻压挤。尽量滚动和压挤到身体的各个部位,上下、前后、左右的滚动和压挤,对婴幼儿脑干前庭网膜的觉醒有很大的帮助(见图 2-17)。

图 2-17 大龙球压滚游戏

备注:如果婴幼儿特别喜欢较强烈的压力,表示触觉反应不足,指导者需按婴幼儿情况进行;如果只要求轻轻不断地压,表明一切正常。

注意事项

(1) 触觉过分防御的婴幼儿,敏感度较强,多不愿接受滚动和压挤,可先对其腹部(仰卧时)和背部(俯卧时)进行压挤,因为这两个部位容易接受一些。

(2) 等婴幼儿适应以后,再尝试压挤其腿部、足部、臂部和手,由于足部离大脑最远,多压挤刺激足部,有助于大脑和身体间的协调。

（3）经过一段时间的训练后，可以在婴幼儿身上加上毛巾，还可把大龙球内的气放掉一半，这种
　　改变可让婴幼儿感受到重力的变化，对前庭触觉的协调刺激有特殊效果。

第五步：俯卧大龙球抓东西。

操作方法

让婴幼儿俯卧在大龙球上，保持身体平衡。将目标物（小球、积木、绒布娃娃等）放置于婴幼儿
向前滚动时用手可以够得到的位置，指导者扶着婴幼儿的脚协助其前后左右滚动，帮助其按要求抓
取到目标物。

第六步：大龙球上跳跃。

操作方法

扶着婴幼儿站立在大龙球上，先让其轻轻上下晃动，年龄大的幼儿可双脚交替踩压，再扶婴幼
儿跳起来，体会落下去又弹起来的感觉（见图2-18）。

注意事项

在大龙球上弹跳时，要抓紧婴幼儿身体，防止其跌落。

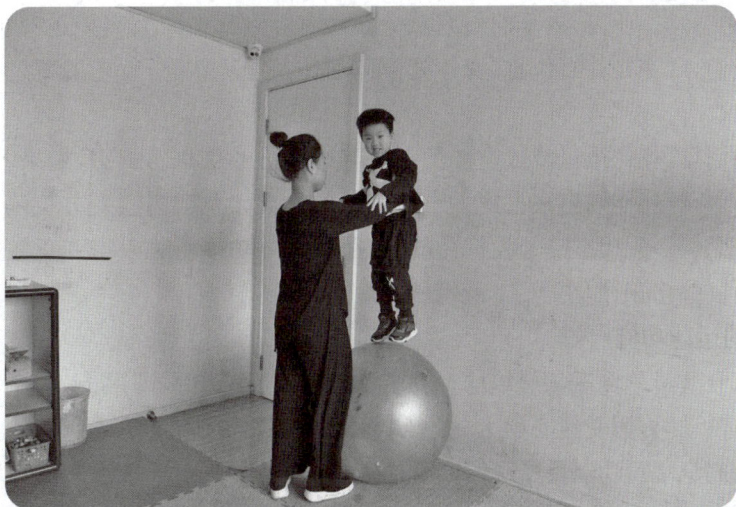

图2-18　大龙球上跳跃

第六节　前庭觉

一、前庭觉的定义

前庭觉是指由前庭接收器官与前庭神经、前
庭神经核组成的前庭系统，对人脸部正前方接收
的信息做出的反应。前庭接收器官包括耳石器
和半规管，以及椭圆囊与球囊（见图2-19）。

耳石器——负责静态的功能（侦测静止时
的头部姿势）。

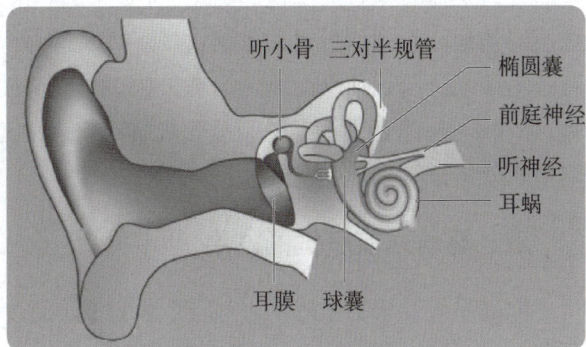

图2-19　内耳结构图

半规管——管控动态信息(侦测头部的角的加/减速度的速率与方向的变化)。

前庭神经将脸部正前方所传达的视听嗅味等信息,传至位于脑干的前庭神经核,前庭神经核是这些信息的处理中心。身体任何信息进入大脑,必经前庭神经核过滤。

二、前庭觉的功能

前庭觉不良,身体活动会立刻受到影响,如笨手笨脚、身体不听指挥,视听神经系统也都会扭曲,形成阅读、听写上的困难。特别重要的是,大脑的中枢神经贯穿前庭觉,前庭神经不佳,身体行动及左右脑思考都会陷入混乱,更会引发语言发展的严重障碍,也成了学习困难的最主要原因。

综上,前庭觉的功能具体包括统合功能和运动功能。

(一)前庭觉的统合功能

前庭觉具有很强的统合能力,这种统合能力通常称为平衡三联,即视觉系统、前庭系统、本体感觉系统。也就是说,一个人想要保持平衡(如闭上眼睛做"金鸡独立"的动作1分钟),这三个方面都要起作用。

前庭感受器是人耳内除了听觉感受器以外的重要感觉器官,感受人体的空间位置和运动情况,对人体运动的调节以及平衡的维持具有特殊作用。人体在进行前后、上下的直线运动或旋转运动、速度的变化时,都会刺激前庭感受器。即使人体在静止时,也同样通过这类感受器来感受头部的空间位置,并产生重力感觉。所以,内耳的前庭感受器每时每刻都在向大脑传送着相关信息。它可以非常精确地告诉我们,现在是什么位置,身体处于运动还是静止状态,行走的速度有多快,运动的方向是什么,等等。

前庭所提供的信息,就像飞机或太空船的方向陀螺提供的信息。试想,如果飞机或太空船上的方向陀螺仪坏了,飞行员还能知道飞机或太空船航行的方向以及何时改变方位吗?同样,如果一个婴幼儿的前庭系统无法一致而准确地发挥功能,其他感觉的功能将难以得到正常发挥,表现为行走容易摔倒或端坐时姿势不正、胆小等。

(二)前庭觉的运动功能

人的身体各部分质量呈倒三角形结构,前庭系统正好位于头部,即最上方。平衡是身体定向的一种感觉。在身体活动时,因受地心引力的影响,身体各部位的倾斜度达到某种程度时,即产生失去平衡的感觉。前庭觉平衡功能是指利用内耳的重力接收器"三对半规管"及运动接收器"耳石(碳酸钙结晶体)"来探测地心引力并控制头部在活动中的方位,以保持身体的平衡。

由于前庭平衡的关系,前庭觉的成熟与否和平衡感关系密切。平衡感不良,造成身体操作不稳定,会形成好动不安的现象。平衡能力主要来自骨架和中枢神经的功能,并在中耳的半规管组成辨识神经体系,以协调身体和地心引力。这种能力发展自母体的胎位变化,初生儿经由平躺、翻身、七坐八爬,才能站立起来,进而灵活操作大小肌肉,这些都是一切行动的基础。

婴幼儿时期最重要的感觉训练之一就是平衡感的训练,前庭平衡感不良会造成幼儿好动不安。婴幼儿特别需要来自周围世界的刺激,支撑倒三角形身体结构和头重脚轻的筋骨,会透过神经系统把不同的地心引力信息送回大脑,以便让大脑对外界信息加以识别和整理,让我们的身体活动能够有条不紊地进行。如果前庭觉出现失调,不但会使大小肌肉和其他身体感官互动不佳,造成笨手笨脚、好动不安、注意力不集中等不良习惯,还有可能影响到婴幼儿的语言能力、运动协调性和左右脑均衡发展的进度,出现学习缓慢的现象。

三、婴幼儿前庭觉的发展

前庭系统是极为敏感的,位置或动作的任何改变都对大脑有很大的影响。这种影响始于胎儿早期,在怀孕的第十或十一周便开始发挥功能。5个月左右的胎儿,前庭系统已经发展得很好。可以说,在整个怀孕期间,母亲均以她身体的运动来刺激胎儿的前庭系统。出生时婴儿的前庭系统已经发育完成,但前庭觉的功能发展仍需后天训练培养。

前庭觉是大脑功能分化的中枢,特别在3岁前后左右脑功能分化时,如果前庭觉发育不好,对于这些功能也会形成障碍。幼儿在19～36个月期间,如果左右脑的发育均衡,左右脑的功能也会逐渐发展成熟。

婴幼儿的前庭觉发展情况大致如下。

人类刚出生时,位于后脑叶的左脑区先以被动接收方式让感觉信息分别进入视听嗅味触及平衡感功能区内运作。

6～7个月时,前叶脑的右脑逐渐产生主动响应环境的语言与运动协调能力,也开始发挥较积极的学习能力。

18个月以后,该能力快速地发展,这也是右脑学习的高效率时代。此时幼儿的语言能力正爆似的成长,独立生活能力也在快速发展中。就在这个时候,左脑在感觉经验及身体运动相互间的作用下,逐渐了解和积累经验,并发挥思考的功能。

36个月以后,幼儿左脑功能已具备明显的基础,也渐渐有自己的个性、意见和习惯。表面上,幼儿左脑功能虽然增加了,但如果没有跟右脑的发育平衡一致的话,反而限制了其学习发展。这段时间,右脑接收功能仍然很强,幼儿会在脑中残留记忆痕迹的现象不多,除少数触觉发展不良的幼儿外,过分单一使用左脑的现象很少发生。

四、前庭觉统合失调的表现及影响

(一) 前庭觉统合失调的主要表现

前庭觉最基本的作用是感知人体的空间位置和运动状态。由于地球一直在旋转,人一直被重力影响,保持平衡是人体的头等大事。要保持平衡,人体要调动起身体的各个感觉系统,而这里面前庭觉的基本作用即感知空间位置,是最基础的一个前提。首先,人接收到的各种感觉信息,都要先和前庭觉一起到前庭神经里进行处理。其次,前庭觉帮助大脑保持清醒和警觉状态。不管人是处于动态还是静态,前庭系统都必须迅速地调节,让人体始终明确自己的平衡状态,才能让我们保持清醒和专注。最后,前庭觉的一个作用是前庭神经会将信息传达到身体各部分,通知肌肉的收缩和运动。

总体而言,前庭觉统合失调会让婴幼儿好动不安,注意力不集中,不专心听讲,小动作不断,比一般的婴幼儿更容易给老师或家长添麻烦,难与他人同乐;有的可能出现语言发展迟缓、说话慢的情况,语言能力发展及左脑的组织判断受到影响,逻辑能力陷于混乱中。

前庭觉统合失调具体表现为以下七个方面。

其一,运动问题。平衡感不良,运动计划能力差。

其二,空间感的问题。对环境的知觉或多或少都有问题。

其三,肢体做交叉动作时有困难。左右手交叉活动时,无法有效地自我控制。

其四,身体不协调。很难双手或双脚合并做相同的动作。

其五,视觉统合不足。眼球运动有困难,眼球无法控制视觉移动。

其六,专注力问题。好动不安,注意力无法集中,也比较喜欢招惹别人,性格浮躁、脾气差。

其七,话多。说话缺乏组织性,喜欢重复别人的话,用词混淆。

(二) 前庭觉统合失调的主要影响

前庭觉统合失调的婴幼儿在学习与生活中常常观测不准距离,做事时协调能力较差,甚至穿鞋子也会在不知不觉中将鞋穿反。距离观测不准,会让婴幼儿无法正确掌握方向;做事协调能力差,会让婴幼儿对事物的兴趣逐渐减少。前庭觉统合失调,往往会在心理上严重影响婴幼儿的学习与认知热情。

前庭觉统合失调的婴幼儿往往站无站姿、坐无坐姿、容易跌倒、拿东西不稳、走路撞墙、心烦气躁、好动不安、注意力不集中、人际关系不良、有攻击性,甚至由于中枢神经发育不健全,影响语言能力的发展及左脑的组织判断,逻辑能力陷于混乱中。

五、前庭觉统合失调的训练方法

前庭觉对婴幼儿的发展极为重要,前庭觉统合失调也会影响婴幼儿生活和学习的方方面面。对于前庭觉统合失调的婴幼儿,专门训练的教具主要有滑梯、滑板、平衡踩踏车、踩踏石、太极平衡板、羊角球、大陀螺、摇滚跷跷板、平衡木、平衡台、横(竖)抱筒、吊缆等。

下面就滑板和滑梯的训练方法进行详细介绍。

(一) 滑板

1. 滑板的乌龟爬行

操作方法

让幼儿俯卧在滑板上,以腹部为中心,身躯紧贴滑板,抬头挺胸,头颈部抬高,双脚并拢抬起,双手伸展趴地向前爬行移动(见图2-20)。

图 2-20 滑板的乌龟爬行

注意事项

(1) 练习的距离可由短到长,次数逐步增加。
(2) 防止滑板压伤手指。
(3) 防止同伴碰撞致伤。

延伸活动

(1) 向前向后爬行。
(2) 原地或小范围地旋转滑行。
(3) 按指定路线滑行前进。

2. 滑板青蛙蹬

操作方法

幼儿俯卧在滑板上,以腹部为中心,身躯紧贴滑板,抬头挺胸,头颈部抬高,双脚如青蛙游泳般屈曲,顶在墙壁上,用力一蹬,使身体贴着滑板往前滑行。同时,双手伸展从滑板两侧向后划,保持滑板继续向前滑行(见图2-21)。

图2-21 滑板青蛙蹬

延伸活动

(1)蹬墙后自然滑行。

(2)蹬墙后进行一定距离的滑行。

注意事项

(1)头颈部要抬起。

(2)蹬墙后双腿应立即并拢,脚面绷直。

3. 滑板的俯卧旋转

操作方法

让幼儿俯卧在滑板上,双手交叉控制方向,带动滑板和身体进行原地旋转(见图2-22)。

图2-22 滑板的俯卧旋转

注意事项

（1）可先往右转，再往左转。

（2）旋转的次数可以从两三次逐渐增加到二三十次，甚至一百次以上。

（3）如发现幼儿很快就感到头晕，停下来，不要勉强。

4. 滑板的单人牵引滑行

操作方法

让幼儿俯卧或仰躺在滑板上，用手拉着绳子或呼啦圈，指导者牵动绳子或呼啦圈，带动趴在滑板上的幼儿做前进、转弯和旋转等动作（见图2-23）。

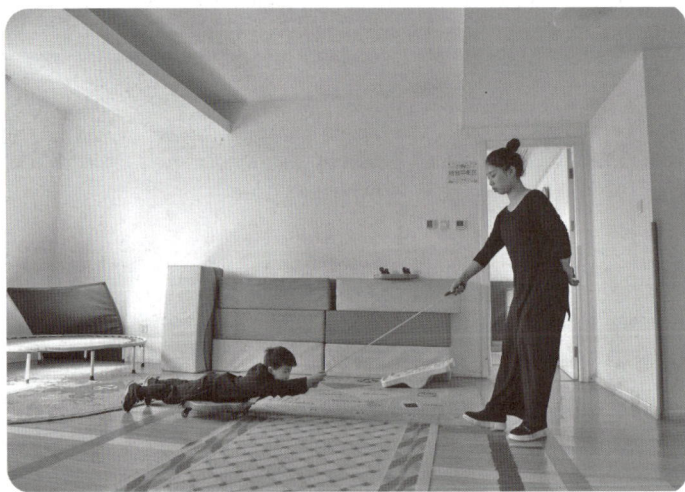

图2-23　滑板的单人牵引滑行

注意事项

（1）牵引的速度不要太快。

（2）转的时候要特别注意观察幼儿的反应。

5. 滑板的双人牵引滑行

操作方法

让幼儿俯卧或仰躺在滑板上，由两位指导者拉动一条绳子，让幼儿手握绳子的中间，以绳索的力量带动幼儿滑行，可做前进、转弯和旋转等动作（见图2-24）。

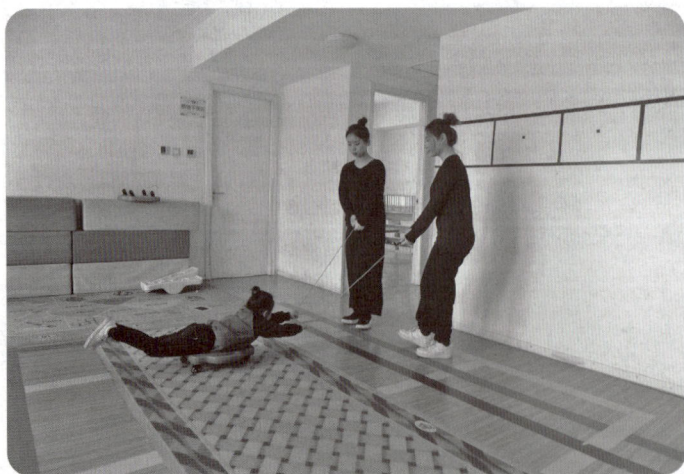

图2-24　滑板的双人牵引滑行

注意事项

（1）应尽量让幼儿自己用力拉动身体移动。

（2）如果幼儿无法接受快速地旋转，就不要勉强。

6. 滑板过隧道

操作方法

当幼儿在滑板上的爬行动作熟练以后，用积木围成一条曲折变化的通道，让幼儿俯卧在滑板上，顺着通道的方向，逐步爬行前进（见图2-25）。

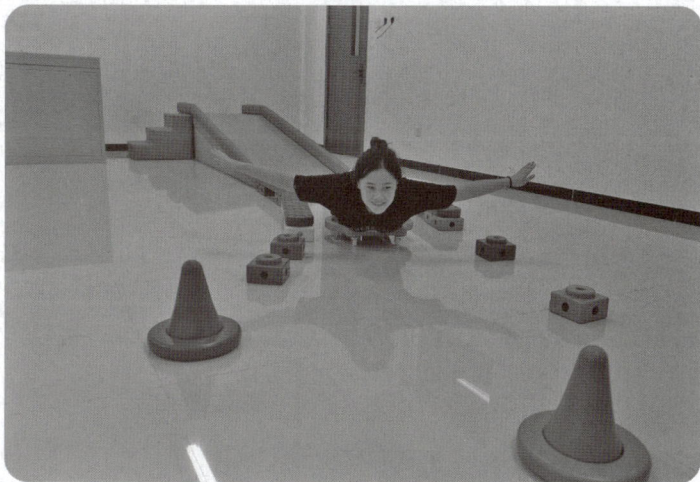

图2-25　滑板过隧道

备注：

可以在通道的一端设置目标物（彩色气球、绒布小动物等），规定幼儿拿取到一定数目后即给予一定的奖励，激发幼儿的兴趣。

7. 火车厢接龙

操作方法

可以用积木围成一条曲折变化的通道，让幼儿俯卧在滑板上。然后排成长龙，后面的幼儿双手握着前面幼儿的双腿，由第一个幼儿带领，顺着通道的方向前进（见图2-26）。

图2-26　火车厢接龙

8. 滑板上投球

操作方法

让幼儿趴在滑板上,滑板旁放一篮子小球(小皮球或乒乓球),前方2～3米处放置一只空篮子或成人站在前方接球,让幼儿将球投到前方的篮子中或成人手中(见图2-27)。

图2-27 滑板上投球

注意事项

(1) 根据幼儿的能力调节篮子的距离和大小。

(2) 可每天安排幼儿投球200～400次,视幼儿情况而定。

9. 滑板双人推球比赛

操作方法

当幼儿对滑板爬行比较熟练以后,让幼儿俯卧在滑板上,两人一组,进行水平推球、接球的活动(见图2-28)。

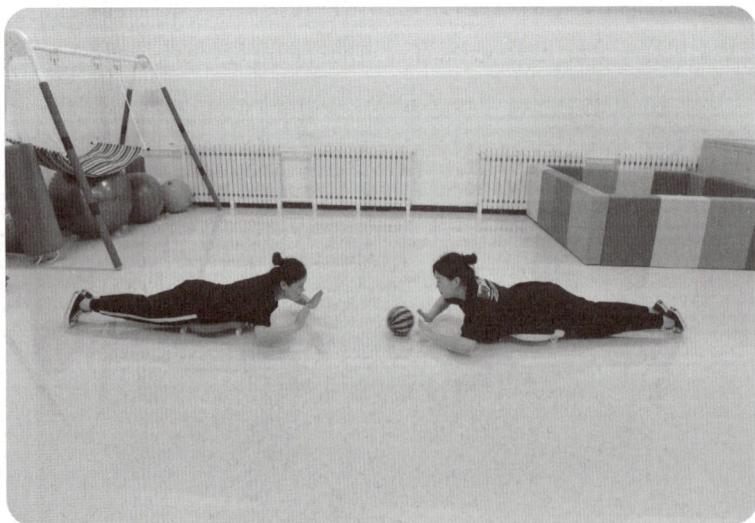

图2-28 滑板双人推球比赛

10. 推滑板游戏

操作方法

一人坐在滑板上,两脚盘坐,两手张开以保持平衡,另一人用双手扶其腰部,滑行至指定地方。然后,交换位置和角色,再滑回来。

延伸活动

（1）进行随意的推动滑行。

（2）推动直线滑行。

（3）推动曲线滑行。

（4）进行不受规则约束的推滑板练习。

注意事项

（1）用力不能太猛,以免将滑板上的人推下来。

（2）小心相互间的碰撞致伤。

（3）可以分组进行接力比赛。

11. 盲人推车

操作方法

一人坐在滑板上,两腿盘紧,两手张开或扶住滑板保持平衡。另一人用布条蒙上双眼,双手扶在滑板上人的腰部,在其指引下将车推到目的地（见图2-29）。

图2-29　盲人推车

延伸活动

（1）进行一人推、一人坐滑板的练习。

（2）听坐在滑板上的人的指挥进行推滑板的练习。

（3）蒙上眼睛进行推滑板练习。

（4）可适当加入竞赛的方式。

注意事项

(1) 用力不要太猛,以免将滑板上的人推下滑板。

(2) 小心相互间的碰撞。

12. 闭眼的滑板练习

操作方法

在相距3米左右的墙壁间,让幼儿俯卧在滑板上,双手向前伸直,挺胸抬头,双眼直视前方,看好自己的行进路线后闭上双眼,双脚屈曲蹬墙,推动滑板和身体往前滑行。当双手碰到对面墙壁时,手腕和手肘顺势屈曲,弹性吸收全身的冲力,然后双手伸直推墙,利用反弹力把滑板和全身推向脚的方向。双脚碰到墙壁时,双腿顺势屈曲,弹性吸收全身的冲力,瞬间反弹时双脚用力蹬墙壁,推动滑板和身体往头、手的方向滑行。如此往返多次(见图2-30)。

图2-30 闭眼的滑板练习

注意事项

(1) 直到滑板或身体位置歪斜得很厉害,不纠正无法再做下去为止。

(2) 每次活动做50~100次不等。

13. 滑板分组比赛

操作方法

可让幼儿趴在滑板上,将数位幼儿分成两组进行推球或抢球比赛。类似篮球、足球比赛,双方各设置一个球网或球篮,幼儿爬来爬去追球,每次将球推入或投入对方的球篮或球网中就得1分。也可让幼儿各持一个球拍进行比赛,只允许用球拍击球,不允许用手碰球,每次将球击入对方的球网可得1分。

注意事项

(1) 玩分组比赛的时间,可以是10分钟、20分钟,也可以是30分钟以上。

(2) 玩到脖子感觉略酸以后,再坚持多玩一会儿效果会比较好。

（二）滑梯

1. 俯卧滑滑梯

操作方法

让幼儿自己将滑板抱起,放在滑梯顶端的平台上,身体俯卧在滑板上,头在前,脚在后,由指导者协助轻轻推动滑板,使滑板由滑梯上自然地滑下来;也可让幼儿自己用双手抓住滑梯的两侧,同时用力往后拉,借用反弹力使滑板往前滑行,快速地从滑梯的斜面滑下来(见图2-31)。

图2-31 俯卧滑滑梯

注意事项

（1）应在幼儿能较顺利地操作滑板后再进行这个游戏。

（2）刚开始幼儿比较容易感到害怕,应在滑下的位置安放软垫。

（3）指导幼儿滑行时尽量保持身体与滑梯平行。

（4）帮助触觉过分敏感的幼儿停下来。

2. 俯卧滑滑梯·推球

操作方法 当幼儿滑下时,指导者从前面将皮球滚向他,幼儿先用双手推开迎面滚过来的球,然后再用双手摩擦地面减速(见图2-32)。

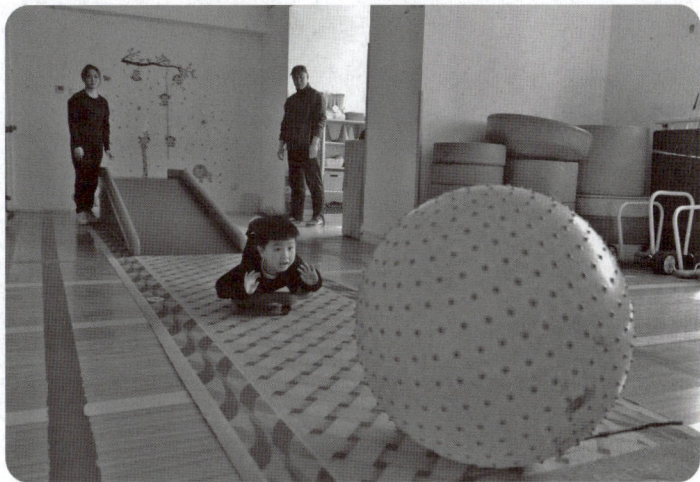

图2-32 俯卧滑滑梯·推球

(1) 应在幼儿能较顺利地操作滑梯后再进行这项游戏。

(2) 刚开始幼儿比较容易感到害怕,应在滑下的位置安放软垫。

(3) 指导幼儿滑行时尽量保持身体与滑梯平行。

(4) 帮助触觉过分敏感的幼儿停下来。

3. 俯卧滑滑梯·取物

操作方法

在滑梯的旁边放置一个装有小球或其他小塑料积木的篮子或纸箱,让幼儿在滑下的同时,伸手去拿小球或小积木。开始时可随手抓,拿到后可随手往前丢;动作熟练后可要求幼儿拿出指定的球或积木,如要求他拿出红色的小球或者白色的小球等(见图2-33)。

图2-33 俯卧滑滑梯·取物

注意事项

(1) 在幼儿能较顺利地操作滑板后再进行这个游戏。

(2) 刚开始幼儿比较容易感到害怕,应在滑下的位置安放软垫。

(3) 指导幼儿滑行时尽量保持身体与滑梯平行。

(4) 帮助触觉过分敏感的幼儿停下来。

4. 俯卧滑滑梯·捡球、抛球

操作方法

可从滑梯的前面丢球给幼儿,幼儿滑下滑梯后拾起前面滚过来的球。当幼儿对上述接球活动比较熟练后,可以在此基础上让幼儿将捡到的球按要求扔到指定的篮子或纸箱中去。

（1）指导幼儿滑行时尽量保持身体与滑梯平行。

（2）帮助触觉过分敏感的幼儿停下来。

（3）提醒幼儿切勿只顾抓球而把手轧到滑板的轮子下面。

（4）所抛物品的大小形状和质地可经常变换。

（5）可用表面有凸起的按摩球等。

（6）较小的球，幼儿一只手就可以抓住的，一次可扔两个，可让幼儿两手各抓一个。

5. 俯卧滑滑梯·击打

操作方法

从天花板垂悬一个球，使幼儿在滑梯上滑行时可以碰得到，或在滑梯旁悬挂一个或几个标识物，如小布娃娃、绒布小动物等，让幼儿在下滑的过程中用手中的木棒、纸棒或塑料吹气棒击打悬挂在一旁的标识物（见图2-34）。

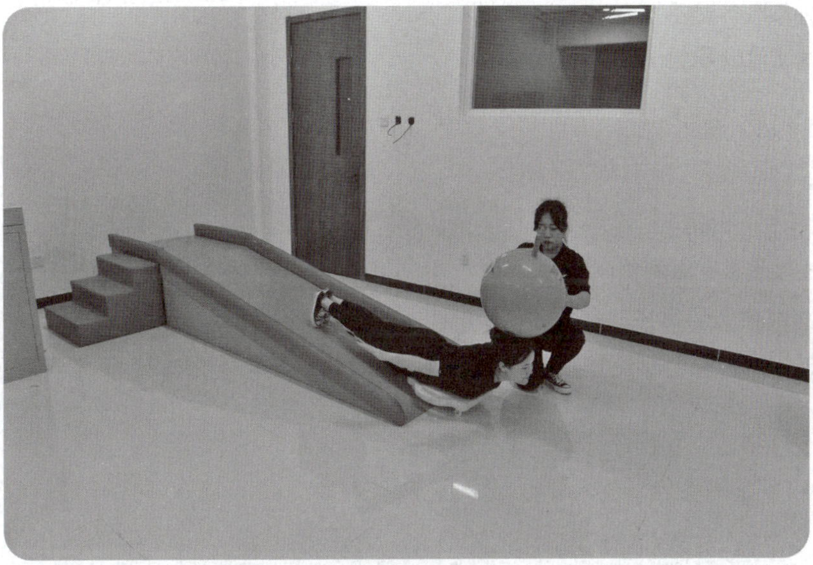

图2-34　俯卧滑滑梯·击打

注意事项

（1）指导幼儿滑行时尽量保持身体与滑梯平行。

（2）帮助触觉过分敏感的幼儿停下来。

6. 俯卧滑滑梯·穿墙

操作方法

用塑料积木在滑梯末端堆一面"墙"等障碍物，让幼儿在滑下时推开。也可由两名指导者拿着旧报纸在滑梯末端形成一面"墙"，让幼儿滑下时穿过"墙壁"（见图2-35）。

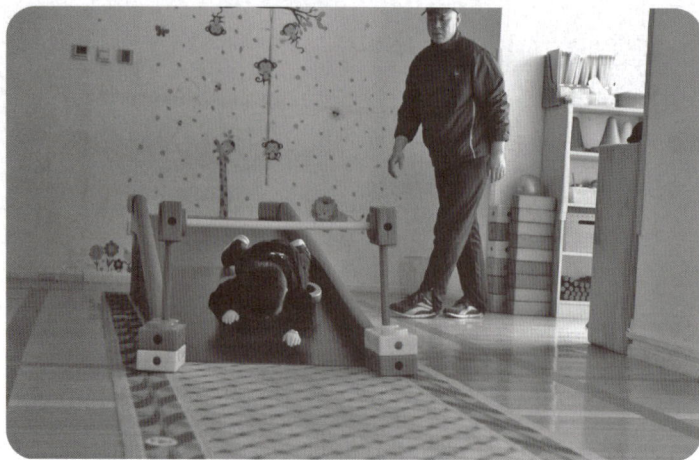

图 2-35　俯卧滑滑梯·穿墙

注意事项

(1) 指导幼儿滑行时尽量保持身体与滑梯平行。

(2) 帮助触觉过分敏感的幼儿停下来。

7. 坐姿滑滑梯·取物

操作方法

由指导者和幼儿共同坐在大滑板上,由滑梯自上而下滑下来。可以面向滑梯末端顺着滑,也可以背朝滑梯末端倒着滑,等幼儿比较适应后再由幼儿独立坐着滑下。在滑梯的旁边放置一个装有小球或其他小塑料积木的篮子或纸箱,让幼儿在滑下的同时伸手去拿小球或小积木(见图 2-36)。开始时可随手抓,拿到后可随手往前丢;玩熟以后,让幼儿拿出指定的球或积木。

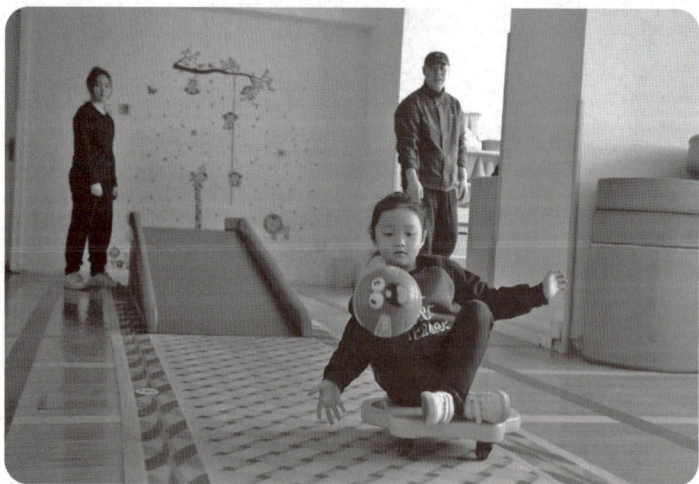

图 2-36　坐姿滑滑梯·取物

8. 坐姿滑滑梯·扔物

操作方法

由指导者和幼儿共同坐在大滑板上,由滑梯自上而下滑下来。可以面向滑梯末端顺着滑,也可以背朝滑梯末端倒着滑,等幼儿比较适应后再由幼儿独立坐着滑下。在滑梯的末端侧面或前方一定距离处放置一个篮子或纸箱,让幼儿滑下滑梯前手拿小球,在下滑的过程中将手中的球扔进指定的篮子或纸箱中(见图2-37)。

图 2-37 坐姿滑滑梯·扔物

延伸活动

(1) 可以是大的球,让幼儿用双手抛。

(2) 可以是小皮球,幼儿可以用一只手拿着扔,可以一次扔一只,也可以双手同时扔两只到同一个篮子或纸箱。

(3) 双手分别扔两只球到不同的篮子或纸箱。

9. 坐姿滑滑梯·取物、扔物

操作方法

将上述取物、扔物活动连贯起来,当幼儿从滑梯上滑下时,先让幼儿从指定的篮子或纸箱中抓取指定的小球或其他物品,再按要求扔到指定的篮子或纸箱中。

注意事项

(1) 指导幼儿滑行时尽量保持身体与滑梯平行。

(2) 帮助触觉过分敏感的幼儿停下来。

(3) 提醒幼儿切勿只顾抓球而把手轧到滑板的轮子下面。

(4) 所抛物品的大小形状和质地可经常变换。

(5) 可用表面有突起的按摩球等。

(6) 较小的球,幼儿一只手就可以抓住的,一次可扔两个,让幼儿两手各抓一个。

10. 坐姿滑滑梯·击打、推墙

操作方法

(1) 从天花板悬垂一个球,使幼儿在滑梯上滑行时可以碰得到;或在滑梯旁悬挂一个或几个标识物,如小布娃娃、绒布小动物等,幼儿在下滑的过程中用手中的木棒、纸棒或塑料吹气棒击打悬挂在一旁的标识物。

(2) 用塑料积木在滑梯末端堆一面"墙"等障碍物,让幼儿在滑下时推开;也可由两名指导者拿着旧报纸在滑梯末端形成一面"墙",让幼儿滑下时穿过"墙壁"。

11. *坐姿滑滑梯·穿帘、穿隧道、接物*

操作方法

(1)在滑梯末端挂一个布帘或毛巾帘,让幼儿滑下时掀开帘子穿过去。

(2)在滑梯上设置一个小隧道,让幼儿滑下时穿过预先设置好的小隧道。注意此时隧道的高度要比幼儿坐在滑板上的高度稍高,以免幼儿不会及时低头撞到隧道上。

(3)从滑梯的前面抛球或其他小物品(小绒布玩具等)给幼儿,让幼儿在滑动的过程中接住抛过来的物品。

注意事项

(1)所抛物品的大小形状和质地可经常变换。

(2)较小的球,幼儿一只手就可以抓住的,一次可扔两个,让幼儿两手各抓一个。

12. *逆上滑梯·俯卧*

操作方法

让幼儿俯卧在滑板上,抓住固定在滑梯上端的绳子或滑梯两边,双手交替向上移动,完全靠自己的力量由下而上爬上滑梯顶端(见图2-38)。

图2-38 逆上滑梯·俯卧

13. *逆上滑梯·仰躺*

操作方法

让幼儿仰躺在滑板上,抓住固定在滑梯上端的绳子,双手交替向上移动,靠自己的力量由下而上爬上滑梯顶端。

14. *逆上滑梯·坐或站立*

操作方法

让幼儿坐或站立在滑板上,在教师的呼啦圈或绳子的牵引下,或自行抓握滑梯两侧自下而上滑行到滑梯顶端(见图2-39)。

图 2-39　逆上滑梯·坐姿

注意事项

（1）教师要耐心讲解如何带动滑板滑行。

（2）注意不要从滑板上掉下来。

15. 仰躺下滑

操作方法

幼儿仰躺在滑板上，双手交叉放在头部上方，利用滑梯的斜面下滑（见图 2-40）。

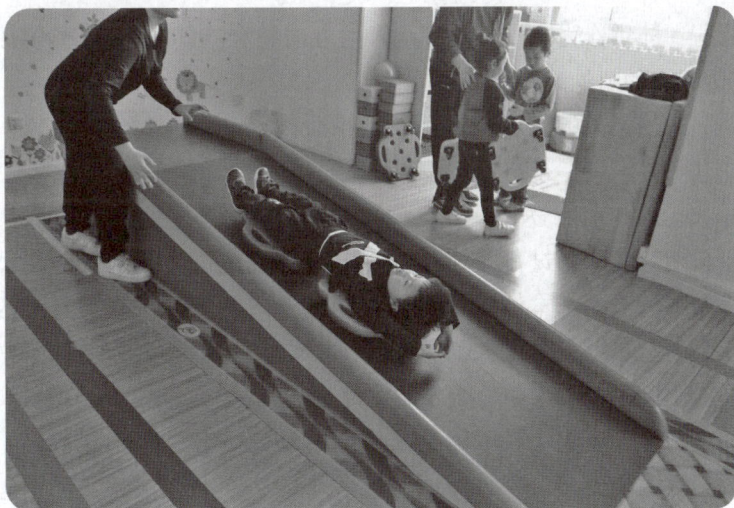

图 2-40　仰躺下滑

注意事项

（1）滑下时抬头。

（2）幼儿如有长发，务必要扎起。

（3）身体与地面平行。

第七节　本　体　觉

一、本体觉的定义

所谓本体觉,也称本体感觉或本体感,是指肌、腱、关节等运动器官本身在不同状态(运动或静止)时产生的感觉(如人在闭眼时能感知身体各部位的位置)。它是了解肢体的位置与运动的感觉,通俗地说就是自我身体操控的知觉。本体感觉系统几乎与皮肤感觉系统一样庞大,它的感觉器官是一些藏在肌肉、肌腱、关节里的本体感受器。此外,在本体感觉传导通路中,还传导皮肤的精细触觉(如辨别两点距离和物体的纹理粗细等)。

人不用看阶梯也能轻易上下楼梯;不用照镜子,也能用手摸到眉毛或鼻子;开车时不用低下头,踩油门的脚随时可以换踩刹车;蚊子叮身上任何位置,不用眼睛看,便可用手打蚊子。这些都是本体感觉的体现。

本体觉在医学上又称为人体的深感觉,是全身肌肉关节的感觉输入。正常的骨、关节及肌肉张力的感觉输入使人能够保持正常的站姿、坐姿及全身的灵活运动。本体觉在英文中称为 bodymap(身体地图),有人也称为身体形象,好像人的大脑中有一张自己身体的地图,不用眼睛看,大脑就可以随时控制身体的任何部位。本体觉是一种高度复杂化的神经应变知觉,也是大脑可充分掌握自己身体的能力体现。本体觉的成熟最慢,只有前庭觉及触觉发展正常,本体觉才可能正常。从简单的吃饭、脱衣、写字、骑车,到高难度的体操及体能动作,都需要本体觉的功能。

二、本体觉的功能

其一,辨别位置。本体觉作为"身体地图"是人的方向感和空间感的来源,可以帮人辨别自己的具体位置和准确到达相应的目的地。

其二,运动协调。无论是人的大肢体运动还是小肌肉运动,它们能够灵活地完成各项任务,都需要借助本体觉的支配。

其三,感知身体状态。如前所述,本体觉又称身体形象或身体地图,是肌肉、关节运动神经组织、身体神经和大脑长期互动联系过程中,协调出的自动自发的能力。

其四,保障自信心和创造力。本体觉是自信心和创造力的根源。人类身体的活动大多是在不知不觉中进行的,人不用总是顾忌身体如何行动,手脚才能灵活,心情才不会紧张、焦虑,也才能有足够的自信心。本体觉发展良好,大脑功能才能发挥自如,观察力敏锐、反应迅速,人生最重要的想象力、创造力也才能丰富和发展起来。本体觉不成熟的幼儿更容易遇到挫折,而且经常受责备,自信心低落,也将影响其学习能力。

三、婴幼儿本体觉的发展

本体觉接收器官遍布身体各个部位的肌肉、肌腱、关节、韧带等运动器官。人体依靠本体觉进行动作和行为的调节,有目的地使肌肉收缩或松弛,由此所产生的自身状态和运动,都是身体接收到的刺激信息经感觉处理的结果。肌肉的收缩特别是对反抗阻力的收缩,是促进本体感觉信息输入中枢神经系统的重要方法。由于身体最大的阻力源自地心引力,因此有的活动如让幼儿俯卧或仰卧在滑行板上,头的重量会使颈肌产生强烈收缩。如果本体觉有障碍,就不能很好地解纽扣、取物、抓物,不能根据对象物的性质,掌握用力的轻重,常常将东西弄碎、弄坏。

本体觉功能不是天生就具备的,需要后天的训练。婴儿期的翻身、滚翻、爬行训练,幼儿期的拍球、玩滑滑梯、跳绳、踢毽子、游泳、打羽毛球等训练对幼儿本体觉的发育都是非常重要的。但是,不少家长怕幼儿摔着,不让幼儿到处爬,或过早使用学步车,没让幼儿爬就直接走路,总是抱着幼儿,而不让他们自己活动,让幼儿看电视、看书、学琴、学画多,运动少,结果阻碍了幼儿本体觉的发展,以致影响后天的学习能力。

本体觉是神经组织的物理作用,几乎是自动自发的,只有不断地活动自己的身体才能使本体觉完全成熟。在婴幼儿时期一定要让幼儿自己多做,如自己吃饭,自己穿脱衣服,自己整理东西,允许幼儿犯错。学习应从错误中摸索,只有经历实际的经验才有真正的学习。

四、本体觉统合失调的表现及影响

(一) 本体觉统合失调的主要表现

其一,方向感差,容易迷路,容易走失,不能玩捉迷藏游戏,闭上眼睛容易摔倒,站无站姿、坐无坐姿,容易驼背、近视,过分怕黑。

其二,动作协调能力差,走路容易摔倒,不能像其他婴幼儿那样会滚翻、骑车、跳绳和拍球等。

其三,精细动作不良,不会系鞋带、扣纽扣、用筷子,手脚笨拙,手工能力差。

本体觉失调的婴幼儿总是顾忌身体如何行动,手脚不灵活,因此,心情经常处于紧张、焦虑状态,长期就会产生自卑。

(二) 本体觉统合失调的主要影响

本体觉是人对自己身体的感觉。如果大脑对手指肌肉控制不好,婴幼儿写东西时会很慢,写字写不好,容易出格;手眼不协调的,看到的和写出来的会不同,常出现抄错数、写字颠倒等问题;手耳不协调的,听到的与写出的不一致,听写就容易出问题;身脑不协调的,大脑对身体控制不良,上课、写作业时身体老转来转去,不安地乱动,小动作多,等等。

总之,本体觉不足的婴幼儿,手脚笨拙,动作缓慢,拖拉消极,没有上进心,缺乏自信心,脾气暴躁,粗心大意。另外,因为控制小肌肉和手脑协调的脑神经与控制舌头、嘴唇肌肉、呼吸和声带的神经是相通的,所以本体觉不足的婴幼儿,大脑对舌头、嘴唇、声带的控制也不灵活,容易造成语言障碍,如语言发育迟缓、发音不清、大舌头、口吃等。

五、本体觉统合失调的训练方法

对于本体觉统合失调的婴幼儿,通常可以通过滑板、滑梯、蹦床、跳袋、彩虹接龙、时光隧道、球类(篮球或排球)、跳绳等教具进行专业训练。

下面就蹦床、时光隧道、跳绳、彩虹接龙、万象组合、平衡踩踏车的训练方法进行详细介绍。

(一) 蹦床

1. 蹦床游戏·跳跃

操作方法

让幼儿在蹦床上跳跃,利用头部或手部去触及头上的气球或其他悬挂物(见图2－41)。

图 2-41 蹦床游戏·跳跃

延伸活动

(1) 在蹦床上自由跳跃。
(2) 在蹦床上做原地跑步练习。
(3) 原地双手叉腰,做垂直向上的跳跃练习。
(4) 做加大摆臂幅度的向上跳跃练习。

注意事项

(1) 注意不要让幼儿从蹦床上掉下来。
(2) 控制好气球高度,使幼儿的触碰成功率在 $60\%\sim70\%$。
(3) 用手和用头触碰相结合。

2. 蹦床游戏·抛接球

操作方法

幼儿在蹦床上跳跃,与教师做抛接球的游戏(见图 2-42)。

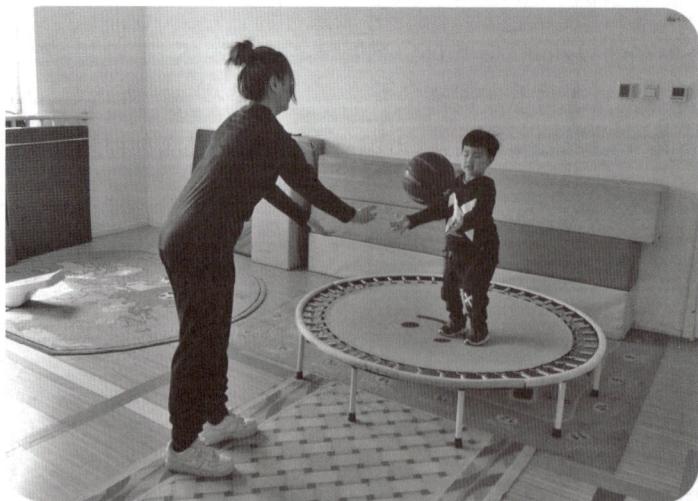

图 2-42 蹦床游戏·抛接球

注意事项

（1）注意不要让幼儿从蹦床上掉下来。

（2）尽可能让幼儿接住更多的球。

（3）让幼儿接不同方向抛来的球。

3. 蹦床游戏·协作

操作方法

让两个幼儿面对面、手拉手站在蹦床上一起跳跃，或共同拉着一个小呼啦圈一起跳跃。

延伸活动

（1）两人一组在平地上进行模仿练习。

（2）听教师的口令进行与同伴协作的蹦床练习。

（3）两人自行进行协作蹦床练习。

注意事项

（1）注意不要让幼儿从蹦床上掉下来。

（2）两人之间尽量用口令语言沟通。

（二）时光隧道

操作方法

让幼儿头在前、脚在后，自己设法爬进隧道里面，通过隧道从另一端爬出来（见图 2-43）。

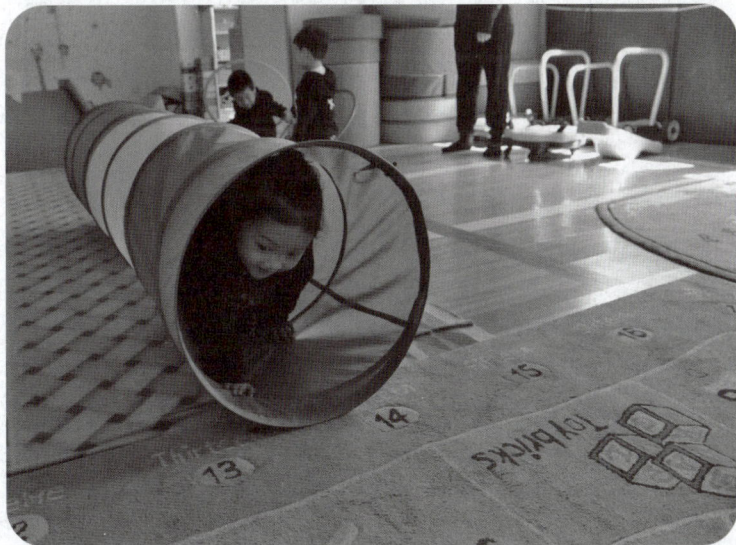

图 2-43 时光隧道

延伸活动

(1) 让幼儿采用脚在先、头在后的方式倒着爬进去,通过隧道从另一端爬出来。

(2) 在隧道内放置毛巾、积木、海绵垫等,让幼儿以顺着或倒着的方式从一端爬进,另一端爬出。

(3) 在隧道内放置很多东西,要求幼儿爬进去将指定的东西拿出来。

(4) 让幼儿一只手或双手拿着东西从隧道的一端爬进,从另一端爬出。

(5) 当幼儿在隧道中爬行时,轻轻转动隧道。

注意事项

(1) 提醒幼儿注意自己手脚和身体的运用。

(2) 当幼儿有不舒服的感觉时,应马上停止转动。

(三) 跳绳

操作方法

幼儿两手持绳的两端,做前后方向的旋转,幼儿在摇摆中从绳上跳跃(见图 2-44)。

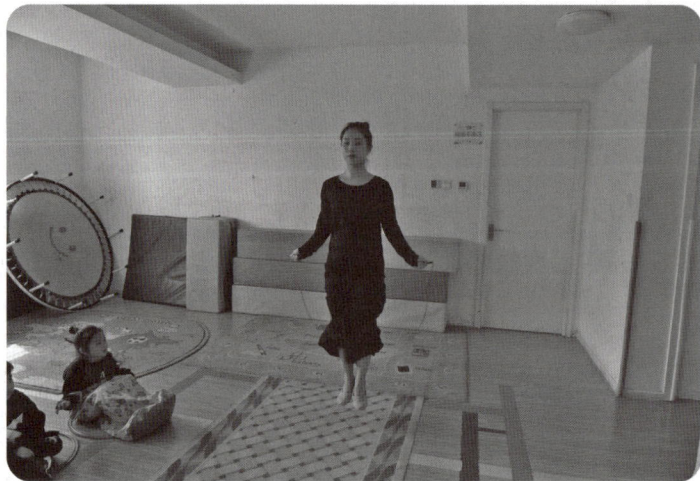

图 2-44 跳绳

延伸活动

(1) 将绳子置于地上,前后跳跃。

(2) 两手抓绳子两端,不断摇绳,前后跳跃。

(3) 做两脚不动、前后摇绳的练习。

(4) 做完整的跳绳练习。

注意事项

(1) 掌握好两手之间所抓绳的长度。

(2) 控制好摇绳手型,防止绳在身体前后的交叉缠绕。

（四）彩虹接龙

1. 滚圈圈

操作方法

将三个游泳圈或轮胎绑在一起（可以用圆形滚筒来代替），幼儿横躺在其中，由指导者协助做滚动。

注意事项

注意幼儿伸在外面的头和手，以防受伤。

> **延伸活动**
>
> （1）让幼儿向前推圆圈，看谁推得快、推得好。
> （2）可直线，可曲线。
> （3）可接力。
> （4）可根据教师口令做变速滚动。

2. 圆圈上的站立游戏

操作方法

将圆圈直立，指导教师使其固定不动，幼儿自行爬上，两脚分开站立在圆圈上。

注意事项

（1）控制高度，以防摔伤。
（2）当幼儿失去平衡时，教师给予帮助。

> **延伸活动**
>
> （1）初学者可以手拿长棍等以维持平衡（等上了圆圈以后与教师交接长棍）。
> （2）可以让幼儿翻上翻下。

（五）万象组合

1. 大象爬

操作方法

先将手脚模印依照手形在外线、脚形在内线的方式排列，让幼儿屈体配合手脚模印移动身体。

> **延伸活动**
>
> 不停地改变手脚模印放置的位置。

注意事项

抬头提臀。

2. 奇智砖

操作方法

将奇智砖或塑胶积木摆成不同形状,让幼儿在上面做各种练习。

(1) 摆成平衡台(约 20 厘米高),让幼儿在上面跪爬或行走。

(2) 将奇智砖按不同高低间隔排列,让幼儿在上面踏步前进。

(3) 将奇智砖分成左右两排,让幼儿左右脚踏格前行。

(4) 将奇智砖排成直线以间断方式进行练习。

注意事项

(1) 注意奇智砖的稳定性。

(2) 合理安排奇智砖的高度。

3. 奇智砖体操

操作方法

让幼儿利用奇智砖做各种不同的体操动作。

延伸活动

(1) 双脚夹起奇智砖原地跳跃。

(2) 双脚夹起奇智砖练习转体。

(3) 单手或双手拿奇智砖练习传递。

(4) 双脚夹起奇智砖进行传递练习。

4. 奇智砖、投球

操作方法

幼儿手持小球,走过搭建出的不同形状的奇智砖,再把球投入圆圈中。

延伸活动

可以采用竞赛的形式,比如以完成一次活动所用的时间、投球的命中率等判断胜负。

备注:

多种运动综合持续进行,帮助身体协调、空间知觉和运动综合能力的养成。

5. 障碍比赛

操作方法

将万象组合器材搭成各种类型的洞门、障碍墙等,让幼儿穿过各种障碍(见图 2-45、图 2-46)。

图 2-45　万象组合 1

图 2-46　万象组合 2

延伸活动

（1）熟练后，可以让少儿手拿东西通过。

（2）让幼儿自行设计游戏方式。

（3）可以竞赛的形式进行活动。

（六）平衡踩踏车

操作方法

让幼儿双手握住手柄，保持身体平衡，再用脚的力量踩踏（见图 2-47）。

图 2-47　平衡踩踏车

注意事项

(1) 防止幼儿摔伤(前倒、后仰)。
(2) 平衡觉失调严重者不宜刚开始就进行练习。
(3) 刚开始时可在教师的帮助下进行练习。
(4) 熟练掌握后可根据教师的口令做变向练习。

延伸活动

(1) 可以配合万象组合进行游戏。
(2) 听教师的口令做各种练习。
(3) 可做些有趣的竞赛活动。

第八节 注 意 力

一、注意力的定义

(一) 注意力的基本内涵

注意力是一个古老而又永恒的话题。人的智力有五大基本要素,即注意力、记忆力、观察力、想象力和思维力。其中,注意力是其他四大要素的基础。所以"注意力"是婴幼儿学习的基石,如果注意力不集中,其他任何能力的提高都会缓慢。注意力是打开我们心灵的门户,而且是唯一的门户。门开得越大,我们学到的东西就越多。一旦注意力涣散了或无法集中,心灵的门户就关闭了,一切有用的知识信息就都无法进入。正因为如此,法国生物学家乔治·居维叶说:"天才,首先是注意力。"俄国著名生物学家巴甫洛夫说:"哪里有注意力,哪里才有思考和记忆。"

注意力具有指向性和集中性。指向性是心理活动对活动对象的选择。客观事物并不都能被主体清晰认识,人们在每一活动瞬间都能依赖意识和需要选择某个特定的对象而离开另一些对象。因此,注意力的对象又叫作被主体选择的客体,注意力的背景是其他没有被选择的客体,选择的范围是一个或几个互有关系的对象。

集中性是指心理活动离开无关事物、抑制无关活动,使注意的对象在相对的时间内得到清晰反映,表现为全神贯注、聚精会神、专心致志、一心一意等。由于高度集中注意力,心理紧张度极高,有时可能达到"视而不见,听而不闻"的境界,如医生做手术。指向性和集中性密不可分,是保证心理活动顺利开展并继续维持下去的前提条件。

注意力主要分为有意注意力和无意注意力。有意注意力(又称主动注意力)指有预定目的、主动地为一定任务服务的注意力,它是自觉的,并需要做出一定的努力。无意注意力(被动注意力)指没有预定目的,被动地、自然而然地发生的注意力,它不需要做出任何努力。

借由注意力,人们才能集中精力去清晰地感知一定的事物,深入地思考一定的问题而不被其他事物所干扰;没有注意力,人们的各种智力因素,如观察、记忆、想象和思维等将得不到一定的支持而失去控制。注意力不是先天遗传的,而是通过后天的培养和训练逐步提高的。

（二）注意力的品质

1. 注意力的广度

注意力的广度也就是注意力的范围有多大,它是指人们对于所注意的事物在一瞬间内清楚地觉察或认识的对象的数量。研究表明,在 1 秒钟内,一般人可以注意到 4～6 个相互间联系的字母,5～7 个相互间没有联系的数字,3～4 个相互间没有联系的几何图形。

当然,不同的人具有不同的注意力广度。一般来说,婴幼儿的注意力广度要比成年人小。但是,随着婴幼儿的成长及不断的有意识的训练,注意力广度就会不断得到提升。

2. 注意力的稳定

注意力的稳定指一个人在一定时间内,比较稳定地把注意力集中于某一特定的对象与活动的能力,对听课质量影响很大。例如,如果婴幼儿在听课时大部分时间处在"溜号"状态或者出现"溜号"状态的频率比较高,将导致婴幼儿所学的知识断点比较多,这就会直接影响到婴幼儿的听课质量。

3. 注意力的分配

注意力的分配是指一个人在进行多种活动时,能够把注意力分配于各种活动中。例如,幼儿能够一边看书,一边记录书中的精彩语言;大人一边炒菜,一边听新闻。

人的注意力总是有限的,不可能什么东西都关注。如果要求自己什么都注意,那最终可能什么东西都注意不到。即使可以做到什么都关注得到,那也会非常累、非常疲倦。但是,熟悉目标或目标不是很复杂时,却可以同时注意一个或几个目标,并且不忽略任何一个目标。能否做到这一点,还和注意力能够持续的时间长短有关。所以,要根据自己的实际能力,逐渐培养有效注意的能力。

4. 注意力的转移

注意力的转移是指一个人能够主动地、有目的地及时将注意力从一个对象或者活动调整到另一个对象或者活动。注意力转移的速度是思维灵活性的体现,也是快速加工信息、形成判断的基本保证。例如,在幼儿看完一个有趣的动画片后,让隔壁的姐姐来给幼儿讲解数字的认读,如果幼儿能迅速地把注意力从看动画片转到数字认读当中,其注意力转移能力就可以说是不错的。

注意力的集中和转移是一个事物的两个方面,婴幼儿每天都在这两种状态下学习或生活。婴幼儿上语言课的时候全神贯注,上数学课的时候如果无法让注意力从语言课上转过来,那么数学课的学习效果就会大打折扣。可见,对婴幼儿来说,学会转移注意力和注意力集中对提高学习效果同样有益处。

二、婴幼儿注意力的发展

一切心理活动都必须有注意力参加才能发生、发展和形成,注意力是人们认识和掌握客观事物的先决因素与必要条件。因此,在教育过程中对注意力的品质必须加以重视并从小培养。为了从小培养婴幼儿的注意力,首先需要家长和老师了解不同年龄阶段幼儿注意力的特点,然后有针对性地采取适当的措施。

婴幼儿的注意力是以无意注意力为主导的,3 岁前婴幼儿的注意力基本是无意注意力,随后无意注意力高速发展,任何新奇、显眼、具体形象的刺激都能引起他们的无意注意;而且在一定的教育影响下,特别是通过语言的作用,有意注意力逐步形成和发展,其注意力范围不断变大。

婴幼儿期注意力的发展特点是:年龄越小,注意力集中的时间越短。因此,不能苛求婴幼儿保持很长时间的注意力(见表 2-1)。

表2-1 婴幼儿注意力时间表

年　龄	维　持　时　间
0～2岁	2分钟左右
2～3岁	3～5分钟
3～4岁	5～8分钟
4～5岁	8～12分钟
5～6岁	12～15分钟

具体而言,各阶段婴幼儿注意力发展特点如下。

(1) 对0～3个月的婴儿来说,曲线与直线相比较,婴儿更喜欢曲线;规则图形与不规则图形比较,婴儿更喜欢规则图形;轮廓密度大的图形与密度小的图形比较,婴儿更喜欢轮廓密度大的图形;具有同一中心的图案与无中心的图案相比较,婴儿更喜欢有同一中心的图案;对称的物体与不对称的物体相比较,婴儿更喜欢对称的物体。

(2) 3～6个月的婴儿头部运动趋于灵活,双手触摸和抓取技能更加精细和稳定,扩展了获取信息的能力。视觉注意力更加发展,视觉灵敏度变强,并具备了原始的颜色视觉。视觉搜索平均时间变短,偏好复杂和有意义的视觉模式。在听觉方面,3～6个月的婴儿的视听协调能力已经发展到辨别视听信息是否一致的水平,并且对节奏感强、音色熟悉的声音分配的注意力多。对外部的世界更加好奇,搜索和学习驱动力活跃。对物体的观察和操作能力得到发展,注意力的质量得到提高。

(3) 6～12个月的婴儿会用更长的时间去搜索事物,进行社会交往,获得新信息。注意力不仅仅表现在视觉选择上,更多表现在抓取、吮吸、倾听、操作和运动等日常感知活动中。

6～12个月的婴儿出现了对熟人和陌生人的反应。共同注意力随着年龄的增长而逐步提高,在9个月左右有了显著变化,但1岁以前,该能力的发展水平都较低。共同注意力是一种复杂的社会认知能力,它的发生包含了一系列分化与协调的过程。婴儿既要关注他人,又要关注目标物,还要将在空间上完全分离的他人与目标物联系起来,利用从他人那里获得的信息来调整自己的行为,将注意力指向第三个物体,这就需要婴儿对注意力进行分配和协调。因此,在1岁以前,婴儿的共同注意力的发展水平都较低。

(4) 1～3岁的幼儿有意注意逐渐形成。有意注意在1岁左右慢慢形成,但持续的时间不长并且不稳定,尚处于萌芽阶段。

语言成为吸引注意力的重要因素:1岁以后,语言的产生与发展使幼儿的注意力又增加了一个非常重要而广阔的领域,使其注意力活动进入了更高的层次——第二信号系统。该时期幼儿注意力活动的一个非常明显的特点就是,当他听到成人说出某个事物的名称时,便会相应地注意那个物体,而不管其物理性质如何,是否是新异刺激,是否能满足其机体的需要。也就是说,物体的第二信号特征开始制约、影响幼儿的注意力活动。此阶段的幼儿对图书、图片、儿歌、故事、电影、电视等开始产生浓厚的兴趣。

物体永存的概念开始形成:1岁以后的幼儿懂得,当一个物体从眼前消失或被移到其他地方时,这个物体仍然存在,他的注意力活动也因此更加具有了持久性和目的性,而不再受到物体出现与否的影响。

注意力受表象的直接影响:表象是指物体不在眼前时,其特征在人脑中的反应。幼儿一般在1.5岁后,产生表象这一心理现象。由于表象的出现,幼儿的注意力开始受表象的直接影响。当眼前的事物和其表象出现矛盾或有较大差距时,幼儿的注意力会最集中。

(5) 2～3岁的幼儿相对于婴儿时期,注意力范围不断扩大,在周围环境中有更多的事物能引起他们的注意。他们时常留意成人的谈话,尤其是有关自己的言论。家长不要当着孩子的面讨论孩子的问题。但是,他们注意的主要还是自己正在做的事情或是和自己有关的东西,注意力的范围还是比较狭窄,通常注意了一件事情就忘了其他事情。2~3岁幼儿的无意注意是出于对新鲜刺激的一种正常的反应,他们可以对比较有兴趣的事物保持一段时间的注意。但是,这种注意主要是由事物的变化所引起,不是靠意志努力来完成。因此,这种注意也还是不稳定的。

(6)3~4岁幼儿无意注意的稳定性和范围都有所增强,他们开始注意周围更多的人、更多的事物,注意的范围逐渐扩大,他们也可以较长时间地注意某件事物。

在无意注意的基础上,有意注意开始萌芽。有意注意是有目的,具有一定意志努力的注意力。3~4岁幼儿的有意注意主要是由成人提出要求和由任务引起的。此年龄段的幼儿能够在父母或教师的要求下完成一些简单的任务,由于自制力有限,很难将注意力集中在自己不感兴趣或相对枯燥的任务上,但对于自己感兴趣的东西则能保持较长时间的注意力,而且注意力的稳定性也越来越强。

(7)4~5岁幼儿注意力的特点是,随着幼儿生活范围的变化、经验的丰富,注意力的范围也在继续扩大,注意力的稳定性和持续性有了明显提高,并且从对事物表面现象的关注开始向本质和细节过渡。例如,在看动画片的时候,不仅仅关注卡通人物的视觉形象,也开始关注故事本身所传达的内容。对自己感兴趣的事情能够保持比以前更长时间的注意,在没有干扰的情况下,可以连续几十分钟地关注自己认为有趣的事物。

(8)5~6岁幼儿的有意注意进一步发展,他们能够更有计划地获取有关信息,开始具备独立组织和控制自己注意力的能力,他们能够运用言语自觉调节自己的心理活动和行为。随着年龄的增长,5~6岁幼儿的注意力分配能力逐渐增强,这就为他们完成更加复杂的任务提供了保证。

注意力是学习的门户,培养幼儿的注意力品质能够为其日后更好地学习知识、获取技能奠定基础。培养幼儿的注意力,是发展幼儿聪明才智的必要条件。但培养注意力品质的过程中一定要遵循幼儿心理的发展特点,牢记兴趣是产生和保持注意力的主要条件,应通过游戏或活动来培养幼儿的注意力,切不可急于求成、揠苗助长。

三、影响注意力的因素

教育心理学的研究表明,造成婴幼儿学习成绩差异最根本的原因就在于婴幼儿注意力水平的高低,其直接影响着婴幼儿的智力发展和对知识的吸收。所以,要对婴幼儿注意力的问题足够重视。那么,影响注意力的因素有哪些呢?影响注意力的因素非常多,如生理、感觉统合失调、心理、家庭教育等。

(一)生理因素

大脑和神经系统发育不完善,身体平衡能力、协调能力差,易冲动,这些生理因素会影响婴幼儿的注意力。因此,我们应当尊重婴幼儿的身心发展规律和学习特点。

1. 婴幼儿的注意力以无意注意为主,无意注意会影响注意力

例如,班里有位同学过生日,妈妈在幼儿上课期间将蛋糕送入班内。此时,注意力不集中的那些幼儿就会发现这件事情,然后大喊:"谁谁谁,你妈妈给你带蛋糕来了!"此时教师再怎么让幼儿把心收回,安静上课,幼儿也会不自觉地回头望一眼蛋糕。这样,幼儿就不能集中注意力上课,进而影响学习效果。

2. 睡眠不足会影响注意力

睡眠对于恢复体力、减轻脑力疲劳、增强免疫力、维护心理健康等方面有着不可替代、极为重要的作用,正如古人云:"不觅仙方觅睡方。"在睡眠中,大脑还生产着思维所必要的生化物质,合成着生长所需要的生长激素。如果没有充足的睡眠,大脑分泌这些物质就会受到影响,长此以往,会致

使幼儿注意力下降,进而学习效率降低、记忆力衰退,个子也长不高。

3. 大脑营养不足会影响注意力

脑在人体各器官中是最重要和最活跃的器官,虽然大脑只占人体重量的2%,但消耗的能量却占全身总消耗能量的20%。学习是一种极其繁重的脑力劳动,注意力集中时大脑处于高度紧张的兴奋状态,需要大量新鲜血液提供足够的营养。因此,只有不断地供给大脑充足的营养(优质蛋白质和不饱和脂肪酸),它才能精神饱满地工作;如果大脑营养供应不良,它就会产生疲劳或受到损伤,进而影响注意力。

4. 一些食物会影响注意力

许多糖果、含咖啡因的饮料,或掺有人工色素、添加剂、防腐剂的食物,容易让大脑过敏,会刺激婴幼儿的情绪,使婴幼儿容易兴奋,导致注意力不集中,影响专心度。

5. 一些微量元素缺乏会影响注意力

婴幼儿不吃青菜等会缺少微量元素,影响认知发展。如缺铁的婴幼儿心智发育和运动发育指数均低于普通婴幼儿,表现为反应迟钝,情绪波动,兴奋,躯体紧张度增加,语言能力和观察力落后,手指、腕、臂协调能力和灵活度较低等;碘的缺乏会造成智力发育迟缓;锌的缺乏会影响婴幼儿的认知、情绪和饮食行为调节等。

6. 铅摄入过多会影响注意力

婴幼儿如果被动吸烟、吃垃圾食品等,都可能导致体内的铅含量太高。铅含量太高的婴幼儿本身就营养不足,免疫力低下,血铅与注意力不集中关系极大。铅对神经系统有很强的"亲和力",进入人体后可通过血液侵入大脑神经组织,使大脑的营养物质和氧气供应不足,造成脑组织损伤。婴幼儿铅含量太高容易引起多动、听觉障碍、注意力不集中和智力低下等现象。

7. 组织损伤等因素

婴幼儿存在轻微脑组织损伤、脑内神经递质代谢异常也会影响注意力。另外,有听觉或视觉障碍的婴幼儿可能会被误以为注意力不足。这些情况需要得到专科医师指导下的治疗才能改善。

(二)感觉统合能力失调

一般来说,造成婴幼儿注意力不足的主要因素是感觉统合失调,具体包括四个方面。

1. 大脑平衡功能发展不足

母亲怀孕时如果出现先兆流产、胎位不正、早产、难产或剖宫产,就可能会影响婴幼儿大脑前庭平衡功能的发展。婴幼儿会表现得好动不安,跑步摔跟头,不会走平衡木,不能盯住目标看。有的婴幼儿做旋转运动从来不觉得晕,这是前庭平衡功能对外界信息不敏感的缘故;也有的婴幼儿特别怕晕,这是因为过分敏感,外界的信息特别容易进入大脑。所以,婴幼儿特别容易受到无关信息的干扰,注意力很难集中。

2. 前庭觉失调的婴幼儿会引起大脑和神经易冲动与兴奋

婴幼儿一遇到新鲜事物就会产生兴奋,但一会儿又被其他事物吸引,造成对事物的关注时间比较短。这就是前庭觉失调引起的注意力不集中、注意力易分散、注意力时间短等现象。例如,一个前庭觉失调的婴幼儿正在听老师讲故事,会突然被其他事物或大脑的一个想法所吸引。婴幼儿注意力发生转移而忘记老师讲的内容,这就形成了注意力不集中现象。

3. 触觉失调会引起注意力不集中

触觉敏感的婴幼儿接收外界信息的阈值非常低,抗干扰能力不足,外界很小的刺激就会引起其关注和反应,从而造成注意力不集中现象。例如,一个触觉敏感的婴幼儿在听老师上课,旁边有一个人走过或者发出一个声音,或者一个小朋友的笔掉落都会引起其关注,继而形成了注意力不集中现象。

触觉迟钝的婴幼儿和触觉敏感的婴幼儿恰恰相反,他们接受外界信息的阈值过高,很强的信息刺激才有可能引起其反应或关注,也会造成注意力不集中的现象。例如,老师在课堂上讲"1加1等于2"的信息强度根本不能引起婴幼儿的反应,从而不去记忆、理解和处理该信息,由此形成了注意力不集中现象。

4. 本体觉失调会引起注意力不足

本体觉失调的婴幼儿由于感知外界空间、距离、方位和自身肢体位置的能力不足,会引起大脑获得的信息量不够。婴幼儿会将大脑已有的信息提取出来重新编排加工,而不去关注外界,由此会引起注意力不集中的现象。例如,本体觉失调的婴幼儿会久坐不动,会关注一个玩具或物品很长时间,并沉浸其中而不去听老师讲课,这就是本体觉引起的注意力不集中现象。

(三) 教育教养方式

教育教养方式、态度、生活习惯对婴幼儿的行为影响非常大,也常是影响婴幼儿注意力最主要的因素。具体可以从下列 13 个方面来观察、分析。

(1) 教养态度是否一致? 父母对婴幼儿教养态度不一致的情况常使婴幼儿无所适从,没有定性。

(2) 是否太宠爱婴幼儿? 缺少行为规范、过度的宠爱会导致对婴幼儿的纵容,往往使婴幼儿随心所欲,爱做什么做什么,没有克制情绪、克服困难的观念,做事自然难以静下心来坚持到底。

(3) 是否为婴幼儿购买过多的玩具或书籍? 外在刺激太多,玩具一换再换,只带给婴幼儿短暂的吸引力,无法使婴幼儿在玩的过程中感受到发挥想象力与创造力的乐趣。

(4) 家庭生活步调是否太快? 生活节奏太快,使得步调原本较慢的婴幼儿,被迫在快节奏的生活中打转,根本无暇慢慢而专心地完成一件事。

(5) 家里的活动是否太多? 活动太多则无法给婴幼儿提供安静的环境,若非自制力很强的婴幼儿,很难建立良好的专注力。

(6) 学习的过程中是否积累了不愉快的经验或者提供给婴幼儿的学习资源内容太深或太浅? 这些都不易引起学习兴趣。如果引导方式不恰当,可能因此造成乘兴开场、大哭收场的局面,使婴幼儿对学习产生排斥心理,学习起来自然无法专心。

(7) 婴幼儿是否有情绪上的压力? 如婴幼儿觉得自己达不到父母的期望等,易使婴幼儿看起来魂不守舍。

(8) 是否过多地批评、数落婴幼儿? 过多的批评和数落可能对婴幼儿形成不良的暗示,使他产生自己怎么也干不好的想法,从而做事时不肯专心完成。

(9) 婴幼儿是否受到太多不良影响? 大龄幼儿不良行为对婴幼儿的影响,可能会使婴幼儿心理发生扭曲、行为异常。

(10) 是否为隔代教育? 由于观念、素质、情感等因素,祖辈往往溺爱幼儿,甚至包办代替,使婴幼儿养成严重的依赖性,缺少自主性和自理能力,以致独立学习、做事时无法集中注意力。

(11) 是否为放纵教育? 放纵教育会造成婴幼儿专注于某件事物的兴趣和投入不够,引起注意力时间短。

(12) 是否保护干预过多? 家长保护、限制婴幼儿行为过多,如婴幼儿做什么家长都说脏、怕、不安全等,会造成婴幼儿敏感,会限制婴幼儿身体能力、动手能力、思维能力、理解能力,进而影响婴幼儿专注度,会使婴幼儿注意力不集中。

家长对婴幼儿干预或打扰过多,即婴幼儿专注于某件事时经常会受到家长打扰和影响,时间长了会造成婴幼儿注意力中断而引起注意力不集中。

(13) 陪伴是否过少? 家长的陪伴过少,会造成婴幼儿缺乏安全感、不自信,进而造成婴幼儿无法专心于某件事而引起注意力不集中。例如,家长和婴幼儿玩游戏过少会造成婴幼儿对事物的兴趣狭窄,游戏活动的连续性不强也会引起注意力分散。

(四) 生活环境

1. 电子产品会影响婴幼儿的注意力

越来越多的婴幼儿在家时长时间守着电视、电脑或手机,做其他事情时也要开着电视、电脑或手机,经常吃饭时间到了叫好几次都没回应,吃一顿饭需要很长时间才能完成。看电视、玩电脑或手机过长,会损伤婴幼儿眼睛里的锥状体细胞,使他们看到东西像没看到一样,跟右大脑的额叶进行信息传递的动作没有了,这就会影响他们的注意力。

2. 环境太嘈杂或太安静都会影响婴幼儿注意力

周围环境太嘈杂、吵闹,会造成婴幼儿的听觉对声音产生屏蔽,时间长了会引起婴幼儿注意力不集中、专注度不够、做事情不能坚持的问题。例如,一个人是很难在集市上专心看一本书的。

周围环境太安静,会造成婴幼儿听觉过于敏感,对大的声音反应过于强烈,非常容易受外界干扰,也就无法有效集中注意力或长时间集中注意力,造成注意力不集中。例如,一个人长时间单独待在一个房间内,就会烦躁不安。

四、注意力不集中的类别

(一) 按造成原因和幼儿注意力的表现分类

注意力不集中按造成原因和幼儿注意力的表现,可分为注意力时间短、走神、注意力易分散三种,也可统称为注意力分散或注意力不集中。

1. 注意力时间短

注意力时间短是指婴幼儿将各种感官和思维集中在某一事物上的时长不够,或者时长较短而引起的注意力不集中现象。这种现象一般由生理原因、前庭觉失调、家庭教育放纵、生活环境嘈杂等原因造成。前庭觉失调的婴幼儿典型的表现就是注意力时长不够,这种注意力时间短的婴幼儿在注意力不集中群体中的比例也最高。

2. 走神

走神也叫神游,是指感官和思维集中于某一事物的时候出现了遐想,沉浸在思维的想象里不能出来。感官和思维会跟随遐想而游走,这种现象被称为神游、走神或愣神,一般是由本体觉失调、触觉迟钝等原因造成的。

3. 注意力易分散

注意力易分散,是指婴幼儿将各种感官和思维集中于某一事物时,易受外界声音响动、外界光线明暗度变化或人物、物体的走动与摆动影响,而中断自己感官和思维对某一事物的集中度所引起的注意力不集中现象。造成注意力易分散的原因有幼儿触觉敏感、保护性教育、陪伴少、环境过于安静等。其中,触觉敏感和保护性教育造成的注意力易分散现象较为普遍。

(二) 按注意力发生发展过程分类

注意力不集中按注意力发生发展过程又可分为注意力进入时间过长、注意力专注度不足、注意力转移困难三类。

1. 注意力进入时间过长

注意力进入时间过长是指婴幼儿将各种感官和思维集中到某一事物时,进入状态时间过长而产生的注意力不集中现象。例如,婴幼儿在做某一件事情时,很难快速地投入,这种注意力不集中现象就是注意力进入时间过长。一般由生理原因、前庭觉失调、触觉迟钝、本体觉失调、放纵教育、环境等原因造成。

2. 注意力专注度不足

注意力专注度不足是指婴幼儿将感官和思维投入某一事物的集中程度和投入度不够或过深。例如,有些婴幼儿在做事情时抗干扰能力较差,没办法深度投入地去做事情,这种表现就是专注度不够;而有一些婴幼儿看动画片时,家长叫他,他根本听不见,这种思维投入过深,很难中断的现象,就称为专注度过深。造成专注度不足的原因有生理原因、前庭觉失调、本体觉失调、触觉失调和家庭教育问题等。

3. 注意力转移困难

注意力转移困难是指婴幼儿将感官和思维集中于某一事物时,难以转移到另一件事物上。例如,有些婴幼儿在绘画时,妈妈突然叫他去写字,婴幼儿在写字时会老是想着绘画的事,这就是注意力转移困难。造成这种现象的原因有前庭觉失调、本体觉失调、触觉迟钝、家庭教育和环境问题等。

五、注意力的判断原则

高品质的注意力判断原则主要有四个方面。

1. 能够迅速进入注意状态

例如,打了上课铃以后,学生进入教室,回到座位上就能够迅速地进入注意状态,专心听老师讲课;在家里写作业,摊开作业本,马上就能把注意力集中到作业上面来。相反的情况就是,上课时迟迟不能进入状态,听课心不在焉;在家中写作业也是一会儿上厕所,一会儿说饿了要吃零食,很难静下心来写作业。

2. 能够排除干扰

例如,上课时幼儿专心学习,即使外面再吵闹也不为所动。在家做作业的时候,不会受到客厅里电视的干扰。相反的是,幼儿上课时教室外面一有风吹草动,哪怕有个人走过,都会掉头张望;在家写作业,成人在客厅一开电视,他马上就坐不住,或者有人敲一下门,他马上就会伸出头来看一下。

3. 能够快速反应

如幼儿在上课时,老师一提问,马上就能快速反应,积极举手发言;在家写作业速度也很快。相反的是,幼儿上课时注意力跟不上,不能快速反应,很少主动举手发言,被老师点名了,也往往回答不上来;在家写作业也是爱拖延,明明很简单的事情,别的幼儿半小时就能做完,他要磨磨蹭蹭一两个小时。

4. 能够及时转移

例如,幼儿虽然在课间休息的时候与同学发生争吵,让自己心情很不好,但一上课马上能放下不愉快的心情,专心听讲;在家里,即使被爸爸妈妈批评了,受了委屈,一旦写作业,马上能遗忘不快。相反的是,有的幼儿被老师或父母批评后,心里越想越委屈,上课想,写作业时也想,根本无法自拔,学习当然也就无法专心了。还有些幼儿,头一天晚上看了好看的动画片,或者参加了有趣的活动,到第二天上课时还在回想,甚至上课时就与同桌讲话,注意力无法及时转移到学习活动上来。

总之,我们可以按照以上的判断标准评估婴幼儿注意力水平如何。如果婴幼儿能达到以上四个标准,就具备了高度集中的注意力。

六、注意力的测评量表

注意力的测评目前只对4岁以上的儿童进行,对于4岁以下的儿童还没有特定准确的注意力测评方式。4岁以下儿童的注意力主要靠老师和测评师对儿童行为的观察进行评估和确定,主要观察儿童的视觉搜索能力、视觉追踪能力和视动统合能力以及听觉分辨能力和听动能力,以此来判定儿童的注意力水平。下面介绍五种4岁以上儿童注意力评估的量表,可以了解一下4岁以上儿童注意力的评估方式。

(一)注意力测评表一

"注意力测评表一"(表2-2)是普查4~8岁儿童注意力是否集中的一个表,此表由家长或教师填写,每个小题都填,符合儿童情况的画"√",反之画"×"。记分:"√"记0分,"×"记1分。总分为15分。得分越高,说明注意力越强(表2-3)。

表 2-2　注意力测评表一

	内　容	(√/×)
1	上课听讲时,常常走神,心不在焉	
2	星期天忙这忙那,什么都想干似的度过一天	
3	想干的事好多,却不能静下心来认真做其中一件,结果什么都没做好	
4	没做完语文作业时,就急着想做数学作业,恨不得一下子把作业做完	
5	担心第二天上学迟到,有时整晚睡觉不踏实	
6	总觉得上课时间过得太慢	
7	做作业时常走神,想起作业以外的事情	
8	始终忘记不了前几天被老师批评的情景	
9	在看书学习时,很在意周围的声音,对周围的声音听得特别清楚	
10	读书静不下心来,不能持续 30 分钟以上	
11	一件事干得太久,就会很不耐烦,急切地希望快点结束	
12	对刚看完的漫画书会重新看好几遍	
13	在等同学时,觉得时间长得特别难熬	
14	和朋友聊天时,有时会无缘无故地说其他无关的事	
15	学校集会时间稍长一点就不耐烦,也不知道主持人说什么	
总分		

表 2-3　评分规则

0～3 分	注意力差
4～7 分	注意力稍差
8～11 分	注意力一般
12～13 分	注意力好
14～15 分	注意力很好

(二) 注意力测评表二

"注意力测评表二"(表 2-4)也是普查 4～8 岁幼儿注意力是否集中的一个表,此表由家长或教师填写,每个小题都填,符合幼儿情况的画"√",反之画"×"。记分:"√"记 0 分,"×"记 1 分。总分为 20 分。得分越高,注意力越强。

表 2-4　注意力测评表二

	内　容	(√/×)
1	妈妈教导我的时候,我常常会"左耳进、右耳出",不知道她在说什么	
2	做作业时,语文作业还未做完,我往往急着做数学作业	
3	我常常看漫画书,很少看只有文字的书	
4	一有担心的事情,我会终日忧心忡忡,干什么事情都提不起精神	
5	我老爱穿那一两套自己特别喜欢的衣服	
6	上课时,我常常会想起其他事情,以致影响到听老师讲课	

内　容	(√/×)
7	做作业时,我会觉得时间过得特别慢	
8	我的好朋友各方面都和我很相似	
9	哪怕很小的事情我都担心自己做不好	
10	被老师批评后,我始终忘记不了当时的难堪情景	
11	我做事情喜欢拖拖拉拉	
12	期末复习时,我喜欢一会儿复习这科,一会儿复习那科	
13	放假时,我会用几天时间把所有作业做完,其余时间尽情地玩	
14	在等人时,我会觉得特别心烦	
15	读书时,20 分钟不到我准会分心	
16	要我参加我自己不喜欢的活动,我特别难受	
17	上课时,教室外无论发生什么事情都会引起我的注意力	
18	和同学聊天时,我会不知不觉地说起话题外的事情	
19	我做事情没有订计划的习惯	
20	我的兴趣爱好好像很长时间都没什么改变	
总分	

标准与自我评价:凡画"√"的题目记 0 分,画"×"的题目记 1 分。把得分相加便是自己的总分。

得 0~5 分为注意力较差;

得 6~10 分为注意力一般;

得 11~15 分为注意力较好;

得 16~20 分为注意力很好。

(三) 注意力测评表三(舒尔特方格)

"舒尔特方格"检测法是利用舒尔特表格来测试学生注意力水平的方法,是世界著名的一种注意力测试法。"舒尔特方格"不但可以简单测量注意力水平,而且是很好的注意力训练工具。

舒尔特方格由 1 厘米×1 厘米的 25 个方格组成,格子内任意排列数字 1~25(见图 2-48 至图 2-50)。测量时,要求被测者用手指按 1~25 的顺序依次指出其位置,同时诵读出声,施测者一旁记录所用时间。数完 25 个数字所用时间越短,注意力水平越高。

4	11	25	17	9
15	22	7	20	13
5	19	23	2	14
18	1	12	24	3
8	16	6	10	21

图 2-48　舒尔特方格 1

23	4	14	7	21
12	20	1	10	16
8	25	17	24	5
3	22	6	13	18
15	11	19	2	9

图 2-49　舒尔特方格 2

19	8	22	4	15
13	2	17	11	21
9	24	7	25	3
5	20	14	23	12
16	10	1	6	18

图 2-50　舒尔特方格 3

5~7 岁年龄组:

达到 30 秒以下为优秀;46 秒属于中等水平,班级排名会在中等或偏下;55 秒则问题较大。

7～12岁年龄组:

能达到20秒以下为优秀,学习成绩应是名列前茅;36秒属于中等水平,班级排名会在中游或偏下;45秒则问题较大,考试会出现不及格现象。

12～14岁年龄组:

能达到16秒以下为优秀,学习成绩应是名列前茅;26秒属于中等水平,班级排名会在中游或偏下;36秒则问题较大,考试会出现不及格现象。

18岁及以上成年人:

最好可达到8秒的水平,20秒为中等水平。

(四) 注意力测评表四

"注意力测评表四"(表2-5)是测试4～8岁儿童注意力是否集中的表,此表由儿童填写。此组题是测速度的,所以要尽快做完,不要超时,否则是得不到准确成绩的。

时间:10分钟。

表2-5 注意力测评表四

A:79148756394678831234567898765437	N:918273645581837291082074567 89234
B:9176543219876543142152162172 8194	O:273485564723780267756756 75645766
C:12845678912345671521631746135124	P:63868918764382928765465435432321
D:33467382914567349129123198265190	Q:97543354682254668574635296645342
E:51982774675370988028382032465934	R:40439347368247463647586972837283
F:20563770895749745505533554465505	S:50161984632876428487659071151682
G:64328976378209382457864018258640	T:83654289664036826754698457342891
H:76554744466688831345178313141561	U:48654876983473896474676476473468
I:32832112312354378239237236324376	V:89573869010285378232818171615648
J:98798787682676570198684743289619	W:64286497628018365283667788991122
K:19873826455910884234568345679467	X:48295163837846752866337744885599
L:24682468369118194455566667777738	Y:62482746389619848328455918264379
M:83659172375943767766554433221199	

本组数列共有150对其和为10的邻数,要求测试者答出。每答漏(答错)一对数字,得1分。评分规则见表2-6。

表2-6 评分规则

0～26分	集中注意力的能力非常强
27～37分	比较善于集中注意力
38～48分	刚刚达到及格线
49～143分	警钟已经敲响了,是个注意力不集中的人

(五) 注意力测评表五

"中国幼儿注意力水平测评量表"(表2-7)是由中国整体心理疗法注意力检测与训练中心研发,测试4～10岁儿童的注意力情况,在每道题中选择符合自己情况的答案。

表2-7　中国幼儿注意力水平测评量表

指导语：

这是一份关于注意力的测试,所有题目都没有"正确答案",请以读完每一句话后的第一印象选择最贴近自己情况的选项。虽然没有时间限制,但尽可能地争取以较快的速度完成,越快越好。请不要遗漏,务必回答每一个问题。

1. 做作业时,你喜欢开着电视吗?（　　　）
A. 是的,我觉得只有这样做作业才不会枯燥
B. 不是,我做作业一向很专心,一边看电视,一边做作业会相互干扰
C. 一般不会,但有时做作业时间长的时候会看看电视

2. 听别人讲话时,你会常常想着另外一件事吗?（　　　）
A. 是的,我会不由自主地想其他一些事情
B. 我会尽量应付讲话的人
C. 我不会一心二用,否则可能两件事情都做不好

3. 你常常在做作业的时候还能耳听八方吗?（　　　）
A. 我在做作业时对周围的一切了如指掌
B. 我做作业时不关心周围的事情
C. 这种情况不常发生,除非我在抄习题

4. 做暑假作业时,你花几天的时间就能将所有的作业做完?（　　　）
A. 是的,快速做完后,会有更多的时间用来玩
B. 基本不是,因为这样做会影响做功课的质量
C. 偶尔,如果有事想出去玩才会这样

5. 你每次看书的时间有多长?（　　　）
A. 我一般最长能看一个小时左右
B. 看一小会儿我就想玩,坐不住
C. 我每次看书时间都很长,能坚持两个小时左右

6. 你经常在看完一页书后却不知书上讲的是什么吗?（　　　）
A. 是的,我很难集中注意力
B. 我只能记住一点
C. 我看完书后,能记住书上所讲的内容

7. 做试卷时,你会经常漏掉题目吗?（　　　）
A. 是的,我很粗心,做题有点心不在焉
B. 不会,我做任何事情都很认真
C. 我几乎每次都要漏掉点什么

8. 上课时,你是否经常想起昨天发生的事情?（　　　）
A. 是的,我很容易想起昨天开心的事情
B. 上课的时候,我会跟着老师的节拍走
C. 当上课不紧张时,我会开一会儿小差

9. 妈妈叫你拿碗筷,你却常常拿一些其他的东西吗?（　　　）
A. 当我在看喜欢的动画片时会
B. 一般不会,我一向做事很准确
C. 是的,我会经常拿错东西

10. 你放的东西经常会找不着吗?（　　　）
A. 我放的东西有条有理,除非别人挪动了位置
B. 我经常会乱放东西
C. 我常常找不到橡皮、尺子等小东西

11. 上课时如果外面下雨,你会分心吗?（　　　）
A. 我会听一会儿雨声,然后再继续上课
B. 上课时外面的雨声不会让我分心
C. 是的,我会被雨声吸引

12. 心里一有事,你就会在上课时坐不住吗?（　　　）
A. 是的,我常常会念念不忘心里的事
B. 我会将不愉快的事情放在一边
C. 我会在不影响上课的前提下想想心事

13. 班上来了新老师,你会将注意力放在老师的穿着上吗?（　　　）
A. 我会花点时间想想新老师的事情
B. 我会像原来一样认真听课
C. 我会好奇地一直打量着新老师

续　表

14. 当家里来了客人,你会取消做作业的计划吗?(　　)
A．我会和客人聊一会儿再做作业
B．是的,正好有理由热闹热闹
C．不会,我会按照自己的计划做作业
15. 一旦身体不舒服,你会请假不上学吗?(　　)
A．如果不上新课的话我就请假
B．正好有理由不去上课
C．我不会因为小病而影响上课

表2-8　评分规则

题号	1	2	3	4	5	6	7	8	9	10	11	12	13	14	15
A	1	1	1	1	2	1	1	1	2	3	2	1	2	2	2
B	3	2	3	3	1	2	3	3	3	1	3	3	3	1	1
C	2	3	2	2	3	3	2	2	1	2	1	2	1	3	3

测试结果:_____分

评价标准:

35~45分:

儿童的注意力非常棒。儿童能在自己想做的事情上保持相当长的时间和高效的注意力,具备成为杰出人才的潜质。儿童是老师眼中学习认真的好学生,是家中父母懂事的好儿童,是同学学习的好榜样。

25~34分:

儿童的注意力基本上能够维持日常的学习和生活需要。但是,还有许多事情因为儿童的注意力不够集中而不够完美。如果儿童能再专心一点,也许学习成绩就会提高一大步。如果不是因为上课时容易走神,对老师的提问就不会答非所问。

15~24分:

儿童的注意力亟待提高。儿童经常觉得在看电视或者玩游戏的时候注意力很集中,而一到上课或者做作业的时候就不能有效地集中注意力。儿童可能很容易被周围环境所干扰,即使没有干扰的时候也很容易开小差。为此,儿童也很苦恼,但就是管不住自己。

📖 **思政园地**

少年儿童是祖国的希望,民族的未来。幼有所育,让每一名少年儿童都能伴随时代的脚步苗壮成长,是全党全社会共同的心愿。

党的十八大以来,习近平总书记始终心系少年儿童的成长成才,对少年儿童工作给予全方位指导。师者,传道授业解惑也。了解儿童各类情况,才能更好地解决儿童的各类问题。

十多年来,幼有所育的美好愿景正在照进现实,各项改革稳步推进,配套措施不断完善,越来越多的少年儿童在阳光下绽放灿烂笑容。

知识巩固

习题答案

一、单项选择题

1. （　　）的婴儿可以比较顺利地捕捉视野内移动的物体。

　　A. 1～2 个月　　　　B. 2～3 个月　　　　C. 3～4 个月　　　　D. 1 岁左右

2. 下列哪一项属于训练婴幼儿手眼协调能力的方法？（　　）

　　A. 找不同　　　　　B. 图形划消　　　　C. 88 轨道　　　　D. 数字、字母辨别

二、名词解释

1. 视知觉能力

2. 听知觉能力

三、判断题

1. 大脑的听觉处理中心很靠近视觉处理中心，两者可交换信息。（　　）

2. 听觉信息在大脑各层次中不与其他感觉相统合，就难以了解所听到的内容是什么意思。（　　）

3. 注意力不足会影响听知觉的加工过程。（　　）

四、简答题

1. 简述视知觉统合失调的表现。

2. 影响注意力的因素是什么？

3. 触觉的功能有哪些？

4. 前庭觉失调的影响是什么？

5. 本体觉失调的表现是什么？

五、练习题

1. 为 3 岁幼儿设计一套本体觉训练的方法。

2. 三岁半的超超平时容易跌倒、拿东西不稳、注意力不集中，同时伴有方向感差，精细动作不协调。

　　针对超超的情况，请为超超设计一套训练的方案。

第三章 感觉统合的测量与评估

PPT 教学课件

学习目标

- 认识与理解感觉统合测评的概念。
- 学习与认识常见的感觉统合测评量表。
- 掌握感觉统合测评的方法。
- 能够对感觉统合测评结果进行评定。

学习重点

- 学习与认识常见的感觉统合测评量表,并能够对感觉统合测评结果进行评定。

学习导引

在日常生活中,我们常常听到家长或者老师说道:一些孩子做事情注意力不集中,上课经常做小动作;回到家不愿意写作业,字迹凌乱,动作笨拙,做事情没耐性,爱拖延,还伴有情绪暴躁或者性情孤僻;不仅成绩不好,人际交往也很差,让老师和家长都头疼不已。有上述行为表现的孩子很有可能是感觉统合失调。那么,怎么把感统失调的婴幼儿鉴别出来呢?感统测评就显得尤为重要了。通过本章的学习,可以掌握感统测评的方法,学以致用,及早发现婴幼儿的感统问题,更好地加以预防。

第一节 感觉统合测评概述

一、感觉统合测评的界定

感觉统合测评主要是指通过量表、教玩具等感觉统合测量工具,对婴幼儿的前庭觉平衡功能、触觉功能、本体觉功能、学习能力等方面进行测量与评估,从而判断婴幼儿是否存在感统失调等相关问题的过程。目前,常用的感觉统合测评量表主要是从前庭平衡和双脑分化、脑神经抑制、触觉障碍、发育期运动障碍、视觉空间能力、本体觉以及压力和情绪反应等方面展开测评的,经过测评分数(T 分数)转换,得出测评结果。另外,还需要登记和了解婴幼儿的基本情况,如母亲孕期的情况、婴幼儿生长发育史、生长健康史、生活环境以及与养育者之间的一些情况,以便对婴幼儿有一个全面的了解,这样才可以得出更加准确、可靠的测评结果。现场测评的方式对教师的专业程度要求较高,每个婴幼儿的感觉统合失调情况各不相同,因此必须判断个体感觉统合失调的严重程度。

二、感觉统合测评的流程

感觉统合测评必须依照一定的流程进行,不能随心所欲。只有严格按照测评步骤进行,才能确保测评结果的准确性,进而为制订感统训练计划提供依据。感觉统合测评一般的流程如图 3-1 所示。

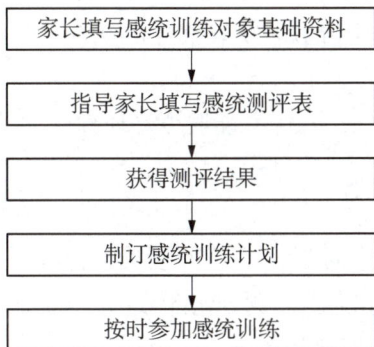

图 3-1 感觉统合测评流程图

三、感觉统合测评的注意事项

1. 加强与家长的沟通,确保家长理解与配合

由于婴幼儿年龄小,无法亲自完成感统测评量表,必须由家长来辅助完成,间接地进行测评。如果没有和家长沟通好或者家长考虑到一些因素,存在故意隐瞒或者不愿意按照真实情况填写的情形,势必影响测评结果,这对婴幼儿问题的发现及后期的训练是无益的。因此,必须和家长沟通好,消除家长的顾虑,争取家长的理解与配合。

2. 严格按照测评流程和步骤进行,确保结果的准确性

目前选用的测评工具是由感统训练中心多次实践与检验过的,测评的程序较为科学、全面、系统。因此,在进行操作的时候,也必须严格按步骤进行,一个维度一个维度地进行测试。只有这样,才能保证测评结果的准确、合理,进而有效地判断婴幼儿的感统是否存在问题以及感统失调程度。

3. 根据测评结果制订适合的训练计划

由于每个婴幼儿的情况不同,感统失调的程度不同,因此要制订个性化的训练和辅导方案,不能一概而论。在具体的训练中要注意婴幼儿的兴趣和状态,不能机械训练。机械训练不但达不到教育目的,反而会打击婴幼儿的积极性,让婴幼儿丧失学习的兴趣与动机。所以,要注意贯彻兴趣性原则,以确保训练效果达到最佳,让每个婴幼儿得到应有的发展。

另外,对于失调症状达到重度的婴幼儿,建议由专业医疗机构予以进一步测评与治疗。

第二节 感觉统合测评量表

感觉统合测评量表是测量儿童,包括幼儿感觉统合能力发展的重要工具。目前,在感觉统合的

评定领域,临床医学上最常用的量表为郑信雄等人(1991)编制的《儿童感觉统合检核表》,该量表分为五个维度,分别是:①大肌肉及平衡;②触觉过分防御及情绪不稳;③本体感不佳、身体协调不良;④学习能力发展不足;⑤大年龄的特殊问题。我国台湾地区奇德儿脑力开发教学联盟设计的《感觉统合评定量表》(陈文德,1994)也被经常使用,该量表分为五个维度,分别是视觉顺序、听觉识别、前庭平衡、本体感受、触觉。本章主要介绍比较常用的量表。

一、感统发展核对表

感统发展核对表用来判断幼儿感觉统合能力发展程度及失常的严重程度。该表由感统发展核对表、T分数转换表、感统训练会员基础资料表等系列量表组成。通过感统发展核对表每一题的测试结果相加获得原始分数,再通过 T 分数转换表获得相应的 T 分数。最后,结合儿童的基础资料表进行综合评价。

此量表是国内实践中最常用的量表之一,能够很好地综合评估幼儿的感觉统合能力,为后期的感统训练提供数据支撑。

(一) 感统发展核对表的组成

共 64 题,分为 8 个方面,每一个问题设计简单、明确、易懂,不受文化程度的限制。

(1) 第 1 至 11 题是前庭平衡和大脑双侧分化部分;

(2) 第 12 至 20 题是脑神经生理抑制部分;

(3) 第 21 至 34 题是触觉防御部分(脾气敏感);

(4) 第 35 至 45 题是发育期运动障碍部分;

(5) 第 46 至 50 题是视觉空间和形态感觉失常部分;

(6) 第 51 至 60 题是重力不安症部分;

(7) 第 61 至 62 题是心绪自我形象不良部分;

(8) 第 63 至 64 题是近期头痛或头晕,学习成绩下降部分。

(二) 如何填写感统发展核对表

正确填写感统发展核对表是评定幼儿感觉统合情况的关键,填写要客观,具体要求如下。

(1) 填表人应是了解幼儿生长情况的父母(综合家庭成员及专业教师的意见)来做客观勾选,各条目按程度不同进行分级评定,进行结果判断时根据幼儿的年龄将原始分换算成标准分来评定。

(2) 填写时,在对应的方框里打钩,要求不漏项。

(3) 学龄前幼儿遇到学龄期问题可不答(第 61—64 题不填)。

(4) 1~8 项可单独核计分数,不受总分数影响,专业教师可作交叉分析。

(三) 幼儿发展核对表的结果评定有赖于常模的应用

(1) 常模适用于 0~12 岁儿童,学前幼儿可以参考应用。

(2) 记分时按八个部分分别计 1~5 分。

(3) 每一题"没有"计 1 分,"很少"计 2 分,"偶尔"计 3 分,"常常"计 4 分,"总是"计 5 分。

(4) 将每一题的分数累计加起来,总分数为该部分的原始分,再将原始分经过转换得到 T 分数。

① T 分数小于 30 分为重度失常;

② T 分数 30~40 分为中度失常;

③ T 分数 40~50 分为轻度失常;

④ T 分数 50+5 分为正常值。

（四）感统发展核对测试表

表 3-1 感统发展核对测试表

编号：

姓名：　　　　　　性别：　　　　　　年龄：

学校：　　　　　　电话：

老师或家长姓名：

地址：

幼儿的生理发展与学习、情绪有密切关系，要提升学习能力和使幼儿保持良好的情绪，必先了解幼儿的生理发展。因此，我们设计了下面的问卷，请您根据平时对幼儿的观察填写。

请家长简述幼儿在学习和情绪方面困难的问题：

1.　　　　　　　　　　　　　　2.

3.　　　　　　　　　　　　　　4.

5.　　　　　　　　　　　　　　6.

请与指导老师做客观勾选。

幼儿若未达到该题所指年龄，请不要圈选该题。

请根据以下情况出现的程度勾选出最符合的一项：

没有　很少　偶尔　常常　总是

（一）前庭平衡和大脑双侧分化

1. 幼儿特别爱玩旋转圆凳，玩公园中的旋转地球或飞转设施，不觉晕。

□没有　□很少　□偶尔　□常常　□总是

2. 幼儿看起来正常、健康，有正常智慧，但学习阅读或做算术特难。

□没有　□很少　□偶尔　□常常　□总是

3. 在眼看得见的情况下，屡次碰撞桌椅、杯子或旁人，方向和距离感差。

□没有　□很少　□偶尔　□常常　□总是

4. 手舞足蹈，吃饭、写字、打鼓时双手或双脚配合不良，常忘另一边。

□没有　□很少　□偶尔　□常常　□总是

5. 表面上左撇子，实际上左右手都用，或尚未固定偏好使用哪一只手。

□没有　□很少　□偶尔　□常常　□总是

6. 大动作笨拙，容易跌倒，且不会用手支撑保护自己；拉他时显得笨重。

□没有　□很少　□偶尔　□常常　□总是

7. 语音不清晰，组合句子或创编故事困难。

□没有　□很少　□偶尔　□常常　□总是

8. 看书眼睛会累，却可以长时间看电视。

□没有　□很少　□偶尔　□常常　□总是

9. 俯卧地板、床上时，无法把头、颈、胸、手脚举高离地（如飞机状）。

□没有　□很少　□偶尔　□常常　□总是

10. 喜欢听故事，不喜欢看书，听的容易记住，看的却容易忘记。

□没有　□很少　□偶尔　□常常　□总是

11. 走路跑跳常碰撞东西，不善与同伴投球和传球，排队和游戏有困难。

□没有　□很少　□偶尔　□常常　□总是

（二）脑神经生理抑制困难

12. 注意力分散，不专心，小动作多，或上课左顾右盼。

□没有　□很少　□偶尔　□常常　□总是

13. 偏食或挑食，不吃水果、软皮的食物、肉类、蛋类，只吃白饭、奶等。

□没有　□很少　□偶尔　□常常　□总是

14. 害羞，见到陌生人赶紧躲避或紧张时捻衣角，皱眉头，口吃说不出话。

□没有　□很少　□偶尔　□常常　□总是

15. 看电视电影，很容易激动；高兴时又叫又跳，恐怖片不敢看。

□没有　□很少　□偶尔　□常常　□总是

16. 严重怕黑，到暗处要有人陪，晚上拒绝出去，不喜欢到空屋子里去。

□没有　□很少　□偶尔　□常常　□总是

17. 换床睡不着，换枕头或被子睡不好，外出对睡眠环境担心。

□没有　□很少　□偶尔　□常常　□总是

18. 别人为他用棉棒清洁鼻子和耳朵时,他往往觉得不舒服。

☐没有　☐很少　☐偶尔　☐常常　☐总是

19. 喜欢往亲人的身上挨靠或搂抱,像被宠坏或被溺爱的幼儿。

☐没有　☐很少　☐偶尔　☐常常　☐总是

20. 睡觉时总爱触摸被角,抱棉被、衣物或玩具,否则会出现不安或睡不好。

☐没有　☐很少　☐偶尔　☐常常　☐总是

（三）触觉防御过多及反应不足

21. 脾气不好,对亲人特别暴躁,常常为琐事发脾气,遇事会强词夺理。

☐没有　☐很少　☐偶尔　☐常常　☐总是

22. 到新的场合或人多的地方不久,就要求离开或自己跑掉。

☐没有　☐很少　☐偶尔　☐常常　☐总是

23. 轻微病后多次向人表示不喜欢去幼儿园,没原因或为小事对幼儿园产生恐惧。

☐没有　☐很少　☐偶尔　☐常常　☐总是

24. 常吮舐手指头或咬指甲,不喜欢别人帮剪指甲。

☐没有　☐很少　☐偶尔　☐常常　☐总是

25. 不喜欢脸被别人碰和帮他洗脸,洗头或理发是最痛苦的事。

☐没有　☐很少　☐偶尔　☐常常　☐总是

26. 成人帮他拉袖口和袜子,或协助穿衣服而碰他皮肤时会引起他的反感。

☐没有　☐很少　☐偶尔　☐常常　☐总是

27. 游戏中或玩玩具时,担心别人从后面逼近,为此而苦恼。

☐没有　☐很少　☐偶尔　☐常常　☐总是

28. 到处碰、触摸不停,但又避免碰触毛毯和编织玩具的表面。

☐没有　☐很少　☐偶尔　☐常常　☐总是

29. 常常喜欢穿宽松的长袖衣衫,不冷也常喜欢穿毛线衫或夹克。

☐没有　☐很少　☐偶尔　☐常常　☐总是

30. 爱聊天或做无接触的交往,但很不愿意跟朋友搭肩或肌肤接触。

☐没有　☐很少　☐偶尔　☐常常　☐总是

31. 对某些布料很敏感,不喜欢该类布料所做的衣服。

☐没有　☐很少　☐偶尔　☐常常　☐总是

32. 对自己的事物很敏感,很容易动情,计划或结果改变时不能容忍。

☐没有　☐很少　☐偶尔　☐常常　☐总是

33. 对无所谓的瘀伤、小肿块、小伤等,总觉得很痛而抱怨不止。

☐没有　☐很少　☐偶尔　☐常常　☐总是

34. 顽固、偏执、不合作,一直坚持依自己的方式办事,做事没有灵活性。

☐没有　☐很少　☐偶尔　☐常常　☐总是

（四）发育期运动障碍

35. 三四岁尚不会洗手,上厕所不会自行擦屁股。

☐没有　☐很少　☐偶尔　☐常常　☐总是

36. 三四岁尚不会使用筷子,或一直用汤勺吃饭,不会拿笔。

☐没有　☐很少　☐偶尔　☐常常　☐总是

37. 四五岁不会玩需要骑上、爬下或钻进去的大玩具。

☐没有　☐很少　☐偶尔　☐常常　☐总是

38. 五六岁不会站起来用脚荡秋千,不会攀绳网或爬竹竿。

☐没有　☐很少　☐偶尔　☐常常　☐总是

39. 穿脱袜子、衣服,扣纽扣,系鞋带等动作,向来非常慢,或做不来。

☐没有　☐很少　☐偶尔　☐常常　☐总是

40. 入学后尚不会自己洗澡,单脚跳、跳绳等都做不好也学不好。

☐没有　☐很少　☐偶尔　☐常常　☐总是

41. 入学后对拿笔写字、剪贴作业、着色等做得不好或非常慢。

☐没有　☐很少　☐偶尔　☐常常　☐总是

42. 饭桌上经常弄得很脏,成人要求他收拾好书桌或玩具很困难。

☐没有　☐很少　☐偶尔　☐常常　☐总是

43. 做手工、做家务很笨拙,使用工具抓握动作很不顺手。

☐没有　☐很少　☐偶尔　☐常常　☐总是

44. 动作懒散,行动迟缓不积极;做事非常没效率。
　　□没有　□很少　□偶尔　□常常　□总是

45. 常惹事,如弄翻碗盘、弄洒牛奶、从车上跌落等,需家长特别保护。
　　□没有　□很少　□偶尔　□常常　□总是

(五)视觉空间、形态

46. 在年幼时,玩积木总比别人差。
　　□没有　□很少　□偶尔　□常常　□总是

47. 外出或远行时常到达不了目的地,很容易迷失,不喜欢到陌生的地方。
　　□没有　□很少　□偶尔　□常常　□总是

48. 蜡笔着色和铅笔写字都不好,比别人慢,常超出轮廓或方格之外。
　　□没有　□很少　□偶尔　□常常　□总是

49. 拼图总比别人差,对模型或图样的异同辨别常有困难。
　　□没有　□很少　□偶尔　□常常　□总是

50. 混淆背景中的特定图形,不易看出或认出。
　　□没有　□很少　□偶尔　□常常　□总是

(六)本体觉(重力不安症)

51. 内向,不喜欢出去玩,朋友少,沉默寡言,喜欢独处或帮家里做事。
　　□没有　□很少　□偶尔　□常常　□总是

52. 上下阶梯或过马路多迟疑;登高会觉得头重脚轻,不敢向别处看或走动。
　　□没有　□很少　□偶尔　□常常　□总是

53. 被抱起举高时,很焦虑地要把脚着地,经可信赖的帮助会安心配合。
　　□没有　□很少　□偶尔　□常常　□总是

54. 避免从高处跳到低处,对高地或有跌落危险时,表现得非常害怕。
　　□没有　□很少　□偶尔　□常常　□总是

55. 不喜欢把头脚倒置,如避免翻筋斗、打滚,或参加室内打斗游戏活动。
　　□没有　□很少　□偶尔　□常常　□总是

56. 对游乐设施不感兴趣,不喜欢移动性玩具。
　　□没有　□很少　□偶尔　□常常　□总是

57. 对不寻常移动(如上下车、前座移到后座、走不平地面)动作缓慢。
　　□没有　□很少　□偶尔　□常常　□总是

58. 上下楼梯很慢,紧紧地抓住栏杆;双手可抓紧的简单攀登都尽量避免。
　　□没有　□很少　□偶尔　□常常　□总是

59. 旋转时,很容易感到失去平衡;车行进中,转弯太快也会吓坏自己。
　　□没有　□很少　□偶尔　□常常　□总是

60. 不喜欢在凸起的地面上走,总会抱怨或心中感到太高。
　　□没有　□很少　□偶尔　□常常　□总是

(七)不良情绪与行为问题

61. 对师长的要求或学习、环境等压力常承受不了,易产生挫折感。
　　□没有　□很少　□偶尔　□常常　□总是

62. 对自己的形象感觉不佳,认为自己很差劲,产生情绪和行为问题。
　　□没有　□很少　□偶尔　□常常　□总是

(八)工作压力情绪反应

63. 成绩暴落,神态恍惚,读书很容易分心,常有情绪行为问题。
　　□没有　□很少　□偶尔　□常常　□总是

64. 脾气暴躁,自制能力差,打架骂人等恶劣行为加剧。
　　□没有　□很少　□偶尔　□常常　□总是

表 3-2　感觉统合 T 分转换表 1

表(一)1~11		表(二)12~20		表(三)21~34		表(四)35~45	
前庭和双脑分化失常		脑神经生理抑制困难		触觉防御和脾气敏感		发育期运动障碍	
原始分数	T 分数	原始分数	T 分数	原始分数	T 分数	原始分数	T 分数
11	70	9	73	14	70	11	65

表(一)1~11 前庭和双脑分化失常		表(二)12~20 脑神经生理抑制困难		表(三)21~34 触觉防御和脾气敏感		表(四)35~45 发育期运动障碍	
原始分数	T分数	原始分数	T分数	原始分数	T分数	原始分数	T分数
12	64	10	69	15	65	12	59
13	60	11	67	16	03	13	57
14	57	12	64	17	61	14	55
15	54	13	62	18	59	15	53
16	52	14	60	19	57	16	51
17	49	15	58	20	55	17	47
18	47	16	55	21	53	18	47
19	45	17	53	22	51	19	45
20	43	18	51	23	50	20	44
21	41	19	49	24	48	21	42
22	39	20	48	25	47	22	40
23	37	21	46	26	45	23	39
24	36	22	44	27	44	24	38
25	34	23	42	28	42	25	36
26	32	24	40	29	41	26	35
27	31	25	39	30	40	27	34
28	29	26	37	31	38	28	33
29	28	27	36	32	37	29	32
30	27	28	34	33	36	30	31
31	26	29	32	34	34	31	29
32	25	30	30	35	33	32	28
33	25	31	28	36	32	33	28
34	23	32	26	37	31	34	26
35	20	33	25	38	29	35	25
36	16	34	23	39	28	36	24
37	16	35	2	40	26	37	23
38	15	36	20	41	26	38	22
39	14	37	16	42	25	39	21
40	12	38	12	43	24	40	20
41	12	39	11	44	22	43	16
42	12	40	8	47	21		
43	11			51	20		
44	10			52	16		

表 3-3　感觉统合 T 分转换表 2

| 表(五)46～50 | | 表(六)51～60 | | 表(七)61～62 | | 表(八)63～64 | |
| 空间形态感觉失常 | | 本体觉失常 | | 心绪自我形象不良 | | 最近头晕和行为成绩变坏 | |
原始分数	T 分数	原始分数	T 分数	原始分数	T 分数	原始分数	T 分数
5	61	10	64	2	57	2	57
6	54	11	59	3	49	3	48
7	50	12	56	4	44	4	43
8	48	13	54	5	38	5	38
9	45	14	52	6	33	6	33
10	41	15	51	7	29	7	28
11	38	16	49	8	25	8	25
12	35	17	48	9	22	9	20
13	32	18	46	10	20	10	16
14	30	19	45				
15	27	20	43				
16	25	21	42				
17	23	22	40				
18	22	23	38				
19	20	24	37				
20	16	25	35				
		26	34				
		27	33				
		28	32				
		29	30				
		31	29				
		32	26				
		33	25				
		34	23				
		36	22				
		40	16				

表 3-4　感统训练会员基础资料表

姓名_____　　　填表日期：____年____月____日　　　　编号_____

性别：男□女□　　　出生日期：____年____月____日

监护人姓名：　　　　年龄：　　　　关系：　　　　　职业：

联系地址：　　　　　联系电话：

主要问题：

1.　　　　　　　　　2.

3.　　　　　　　　　4.

5.　　　　　　　　　6.

续 表

一、孕期情况
孕期:服用药物_____　　被动吸烟_____　　　营养状况_____
□早产　　　　　　□足月　　　　　　□过产期　　　　□自然产
□产钳　　　　　　□胎吸　　　　　　□窒息　　　　　□剖宫产
胎位:　　　　　　□头位　　　　　　□臀部　　　　　□横位
出生体重:____千克
父母生产时年龄:父____岁　母____岁

二、生长发育史
□母乳　　　　　　□人工　　　　　　□混合　　　　　断乳时间_____
____个月会抬头　　____个月会翻身　　____个月会爬　　____个月会坐
____个月会走　　　____个月会笑　　　____个月会喊妈妈　____个月会说话

三、生长健康史
健康状态_____　□抽风史　□脑外伤
其他疾病史_____

四、生活环境
养育者:□父母　□祖(外祖)父母　□外人　□其他
养育者文化程度:□博士　□硕士　□学士　□中专　□其他
养育方法:父:□宽　□严　□放任　□普通　□不定
　　　　　母:□宽　□严　□放任　□普通　□不定

五、养育者与幼儿之间的情况
沟通时间:□长　　　　□短　　　　　□没有
密切程度:□很密切　　□密切　　　　□一般　　　　□不密切
生活空间:□大　　　　□中　　　　　□小
被动吸烟:□有　　　　□无

二、儿童感觉统合能力发展评定量表

《儿童感觉统合能力发展评定量表》也是国内常用的量表之一,该量表主要包括以下四个方面的内容:前庭失衡(14条);触觉功能不良(21条);本体感失调(12条);学习能力发展不足(8条)。

《儿童感觉统合能力发展评定量表》由父母填写,各条目按程度不同(从不这样、很少这样、有时候、常常如此、总是如此)进行分级评定(分别记为5、4、3、2、1分),结果判断时根据幼儿的年龄将原始分换算成标准分进行评定。

一般来说,标准分小于或等于40分者说明存在感觉统合失调现象;标准分在30～40分为轻度感觉统合失调;20～30分为中度感觉统合失调;20分以下为重度感觉统合失调。

《儿童感觉统合能力发展评定量表》《6岁以内儿童感觉统合能力评定量表原始分与标准分的换算表》具体见表3-5、表3-6。

表3-5　儿童感觉统合能力发展评定量表

导语:
亲爱的家长,幼儿的学习能力发展,最主要的是大脑和身体运动神经系统的良好协调。要提高学习成绩与效率,必须先了解幼儿的脑及生理的发展。为此,我们设计了下面的问卷,请家长根据幼儿平日的表现认真填写。
(一)前庭失衡
1. 特别爱玩旋转的凳椅或游乐设施,而且不会晕。
　A. 从不这样　　　B. 很少这样　　　C. 有时候　　　D. 常常如此　　　E. 总是如此

2. 喜欢旋转或绕圈子跑,而且不晕不累。
○ A. 从不这样　　○ B. 很少这样　　○ C. 有时候　　○ D. 常常如此　　○ E. 总是如此

3. 虽看到了仍常碰撞桌椅、旁人、柱子、门墙。
○ A. 从不这样　　○ B. 很少这样　　○ C. 有时候　　○ D. 常常如此　　○ E. 总是如此

4. 行动、吃饭、敲鼓、画画时双手协调不良,常忘了另一边。
○ A. 从不这样　　○ B. 很少这样　　○ C. 有时候　　○ D. 常常如此　　○ E. 总是如此

5. 手脚笨拙,容易跌倒,拉他时仍显得笨重。
○ A. 从不这样　　○ B. 很少这样　　○ C. 有时候　　○ D. 常常如此　　○ E. 总是如此

6. 俯卧地板和床上,头、颈、胸无法抬高。
○ A. 从不这样　　○ B. 很少这样　　○ C. 有时候　　○ D. 常常如此　　○ E. 总是如此

7. 爬上爬下,跑进跑出,不听劝阻。
○ A. 从不这样　　○ B. 很少这样　　○ C. 有时候　　○ D. 常常如此　　○ E. 总是如此

8. 不安地乱动,东摸西扯,不听劝阻,处罚无效。
○ A. 从不这样　　○ B. 很少这样　　○ C. 有时候　　○ D. 常常如此　　○ E. 总是如此

9. 喜欢惹人、捣蛋、恶作剧。
○ A. 从不这样　　○ B. 很少这样　　○ C. 有时候　　○ D. 常常如此　　○ E. 总是如此

10. 经常自言自语、重复别人的话,并且喜欢背诵广告语。
○ A. 从不这样　　○ B. 很少这样　　○ C. 有时候　　○ D. 常常如此　　○ E. 总是如此

11. 表面左撇子,其实左右手都用,而且无固定使用哪只手。
○ A. 从不这样　　○ B. 很少这样　　○ C. 有时候　　○ D. 常常如此　　○ E. 总是如此

12. 分不清左右方向,鞋子衣服常常穿反。
○ A. 从不这样　　○ B. 很少这样　　○ C. 有时候　　○ D. 常常如此　　○ E. 总是如此

13. 对陌生地方的电梯或楼梯,不敢坐或动作缓慢。
○ A. 从不这样　　○ B. 很少这样　　○ C. 有时候　　○ D. 常常如此　　○ E. 总是如此

14. 组织力不佳,经常弄乱东西,不喜欢整理自己的环境。
○ A. 从不这样　　○ B. 很少这样　　○ C. 有时候　　○ D. 常常如此　　○ E. 总是如此

(二) 触觉功能不良

15. 对亲人特别暴躁,强词夺理,到陌生环境则害怕。
○ A. 从不这样　　○ B. 很少这样　　○ C. 有时候　　○ D. 常常如此　　○ E. 总是如此

16. 害怕到新场合,常常不久便要求离开。
○ A. 从不这样　　○ B. 很少这样　　○ C. 有时候　　○ D. 常常如此　　○ E. 总是如此

17. 偏食、挑食,不吃青菜或软皮。
○ A. 从不这样　　○ B. 很少这样　　○ C. 有时候　　○ D. 常常如此　　○ E. 总是如此

18. 害羞、不安,喜欢孤独,不爱和别人玩。
○ A. 从不这样　　○ B. 很少这样　　○ C. 有时候　　○ D. 常常如此　　○ E. 总是如此

19. 容易依恋妈妈或固定某人,不喜欢陌生环境,喜欢被搂抱。
○ A. 从不这样　　○ B. 很少这样　　○ C. 有时候　　○ D. 常常如此　　○ E. 总是如此

20. 看电视或听故事,容易大受感动,大叫或大笑,害怕恐怖镜头。
○ A. 从不这样　　○ B. 很少这样　　○ C. 有时候　　○ D. 常常如此　　○ E. 总是如此

21. 严重怕黑,不喜欢在空屋,到处要人陪。
○ A. 从不这样　　○ B. 很少这样　　○ C. 有时候　　○ D. 常常如此　　○ E. 总是如此

22. 早上赖床、晚上睡不着,上学时常拒绝到学校,放学后又不想回家。
○ A. 从不这样　　○ B. 很少这样　　○ C. 有时候　　○ D. 常常如此　　○ E. 总是如此

23. 容易生小病,生病后便不想上学,常常没有原因拒绝上学。
○ A. 从不这样　　○ B. 很少这样　　○ C. 有时候　　○ D. 常常如此　　○ E. 总是如此

24. 常吸吮手指或咬指甲,不喜欢别人帮忙剪指甲。
○ A. 从不这样　　○ B. 很少这样　　○ C. 有时候　　○ D. 常常如此　　○ E. 总是如此

25. 换床睡不着,不能换被或睡衣,外出时常担心睡眠问题。
○ A. 从不这样　　○ B. 很少这样　　○ C. 有时候　　○ D. 常常如此　　○ E. 总是如此

26. 独占性强,别人碰他的东西,常会无缘无故发脾气。
○ A. 从不这样　　○ B. 很少这样　　○ C. 有时候　　○ D. 常常如此　　○ E. 总是如此

27. 不喜欢和别人谈天,不喜欢和别人玩碰触游戏,视洗脸和洗澡为痛苦之事。
○ A. 从不这样　　○ B. 很少这样　　○ C. 有时候　　○ D. 常常如此　　○ E. 总是如此

28. 过分保护自己的东西,尤其讨厌别人从后面接近他。
○ A. 从不这样　　○ B. 很少这样　　○ C. 有时候　　○ D. 常常如此　　○ E. 总是如此

29. 怕玩沙土,有洁癖倾向。
　○ A. 从不这样　　○ B. 很少这样　　○ C. 有时候　　　　　○ D. 常常如此　　○ E. 总是如此

30. 不喜欢直接视觉接触,常必须用手来表达其需要。
　○ A. 从不这样　　○ B. 很少这样　　○ C. 有时候　　　　　○ D. 常常如此　　○ E. 总是如此

31. 对危险和疼痛反应迟钝或反应过于激烈。
　○ A. 从不这样　　○ B. 很少这样　　○ C. 有时候　　　　　○ D. 常常如此　　○ E. 总是如此

32. 听而不见,过分安静,表情冷漠又无故嘻笑。
　○ A. 从不这样　　○ B. 很少这样　　○ C. 有时候　　　　　○ D. 常常如此　　○ E. 总是如此

33. 过度安静或坚持奇怪玩法。
　○ A. 从不这样　　○ B. 很少这样　　○ C. 有时候　　　　　○ D. 常常如此　　○ E. 总是如此

34. 喜欢咬人,并且常咬固定的友伴,并无故碰坏东西。
　○ A. 从不这样　　○ B. 很少这样　　○ C. 有时候　　　　　○ D. 、常常如此　　○ E. 总是如此

35. 内向、软弱,爱哭又常会触摸生殖器官。
　○ A. 从不这样　　○ B. 很少这样　　○ C. 有时候　　　　　○ D. 常常如此　　○ E. 总是如此

（三）本体感失调

36. 穿脱衣裤、扣纽扣、拉拉链、系鞋带动作缓慢、笨拙。
　○ A. 从不这样　　○ B. 很少这样　　○ C. 有时候　　　　　○ D. 常常如此　　○ E. 总是如此

37. 顽固、偏执、不合群、孤僻。
　○ A. 从不这样　　○ B. 很少这样　　○ C. 有时候　　　　　○ D. 常常如此　　○ E. 总是如此

38. 吃饭时常掉饭粒,口水控制不住。
　○ A. 从不这样　　○ B. 很少这样　　○ C. 有时候　　　　　○ D. 常常如此　　○ E. 总是如此

39. 语言不清,发音不佳,语言能力发展缓慢。
　○ A. 从不这样　　○ B. 很少这样　　○ C. 有时候　　　　　○ D. 常常如此　　○ E. 总是如此

40. 懒惰,行动慢,做事没有效率。
　○ A. 从不这样　　○ B. 很少这样　　○ C. 有时候　　　　　○ D. 常常如此　　○ E. 总是如此

41. 不喜欢翻跟头、打滚、爬高。
　○ A. 从不这样　　○ B. 很少这样　　○ C. 有时候　　　　　○ D. 常常如此　　○ E. 总是如此

42. 上幼儿园,仍不会洗手、擦脸及自己擦屁股。
　○ A. 从不这样　　○ B. 很少这样　　○ C. 有时候　　　　　○ D. 常常如此　　○ E. 总是如此

43. 上幼儿园(大、中班)后仍无法用筷子,不会拿笔、攀爬或荡秋千。
　○ A. 从不这样　　○ B. 很少这样　　○ C. 有时候　　　　　○ D. 常常如此　　○ E. 总是如此

44. 对小伤特别敏感,依赖他人过度照料。
　○ A. 从不这样　　○ B. 很少这样　　○ C. 有时候　　　　　○ D. 常常如此　　○ E. 总是如此

45. 不善于玩积木、组合东西、排队、投球。
　○ A. 从不这样　　○ B. 很少这样　　○ C. 有时候　　　　　○ D. 常常如此　　○ E. 总是如此

46. 怕爬高,拒走平衡木。
　○ A. 从不这样　　○ B. 很少这样　　○ C. 有时候　　　　　○ D. 常常如此　　○ E. 总是如此

47. 到新的陌生环境很容易迷失方向。
　○ A. 从不这样　　○ B. 很少这样　　○ C. 有时候　　　　　○ D. 常常如此　　○ E. 总是如此

（四）学习能力发展不足

48. 看起来智力正常,但阅读或做算数特别困难。
　○ A. 从不这样　　○ B. 很少这样　　○ C. 有时候　　　　　○ D. 常常如此　　○ E. 总是如此

49. 阅读常跳字,抄写常漏字、漏行,写字笔画常颠倒。
　○ A. 从不这样　　○ B. 很少这样　　○ C. 有时候　　　　　○ D. 常常如此　　○ E. 总是如此

50. 不专心,坐不住,上课常左右看。
　○ A. 从不这样　　○ B. 很少这样　　○ C. 有时候　　　　　○ D. 常常如此　　○ E. 总是如此

51. 用蜡笔着色或用笔写字写不好,写字慢而且常超出格子。
　○ A. 从不这样　　○ B. 很少这样　　○ C. 有时候　　　　　○ D. 常常如此　　○ E. 总是如此

52. 看书容易眼酸,特别害怕数学。
　○ A. 从不这样　　○ B. 很少这样　　○ C. 有时候　　　　　○ D. 常常如此　　○ E. 总是如此

53. 认字能力虽好,却不知其意义,而且无法组成较长的语句。
　○ A. 从不这样　　○ B. 很少这样　　○ C. 有时候　　　　　○ D. 常常如此　　○ E. 总是如此

54. 混淆背景中的特殊圆形,不易看出或认出。
　○ A. 从不这样　　○ B. 很少这样　　○ C. 有时候　　　　　○ D. 常常如此　　○ E. 总是如此

55. 对老师的要求及作业无法有效完成,常有严重挫折。

　　○ A. 从不这样　　　○ B. 很少这样　　　○ C. 有时候　　　　　○ D. 常常如此　　　○ E. 总是如此

（五）大年龄幼儿的问题

56. 使用工具能力差,对劳作或家事均做不好。

　　○ A. 从不这样　　　○ B. 很少这样　　　○ C. 有时候　　　　　○ D. 常常如此　　　○ E. 总是如此

57. 自己的桌子或周围无法保持干净,收拾上很困难。

　　○ A. 从不这样　　　○ B. 很少这样　　　○ C. 有时候　　　　　○ D. 常常如此　　　○ E. 总是如此

58. 对事情反应过强,无法控制情绪,容易消极。

　　○ A. 从不这样　　　○ B. 很少这样　　　○ C. 有时候　　　　　○ D. 常常如此　　　○ E. 总是如此

表 3-6　6 岁以内儿童感觉统合能力评定量表原始分与标准分的换算表

标准分	原 始 分			
	前庭失衡	触觉防御	本体感失调	学习能力不足
10	31	50	26	13
20	38	60	33	18
30	44	70	39	23
40	51	80	46	29
50	58	90	52	33

第三节　感觉统合测评结果评定

　　感觉统合测评通过对幼儿的触觉评定、本体评定、前庭评定以及其他评定,整体了解幼儿感觉统合发展的状况,进而得出一个总体的评定结果。由专家根据感统测评的结果提出相应的建议,幼儿根据专家建议可以在家庭或者机构中进行相关练习。感觉统合测评结果表主要有表 3-7、表 3-8 两种呈现方式。

表 3-7　幼儿感觉统合测评结果表

编号：

姓名：	性别：	出生年月：　　年　　月	
家长姓名：	家庭电话：		
家庭地址：			
触觉评定			
本体评定			
前庭评定			
其他			

总评定	
专家建议	
家庭练习	

表3-8　感统训练测评结果表

姓名：　　　　　性别：　　　　　年龄：　　　　　编号：

感觉统合发展综合状况	起止题号	分数	评估描述
1. 前庭平衡和大脑双侧分化情况	1～11		
2. 脑神经生理抑制困难	12～20		
3. 触觉防御	21～34		
4. 发育期运动障碍	35～45		
5. 视觉空间和形态感觉状况	46～50		
6. 本体觉"重力(地心引力,姿势)不安症"部分	51～60		
7. "对压力挫折抵抗不良"部分(7岁以上)	61～62		
8. 头晕、头痛,成绩暴落,心绪不佳(7岁以上)	63～64		
感统评定	前庭评定： 本体评定： 触觉评定：		
专家建议			

测评老师：

年　　月　　日

思政园地

　　从前有两个饥饿的年轻人,他们遇到了一位长者。长者非常同情他们,于是给了他们两个选择:一根鱼竿和一桶鲜活的鱼。一个年轻人选择了那一桶鱼,另一个则选择了鱼竿并跟随老者学习钓鱼的方法。拿鱼的年轻人在短时间内过得很好,因为他每天都有鱼吃。但很快,鱼就被吃完了,而他并没有学会如何获取更多的鱼,最终饿死在了空空的鱼桶旁边。而那个拿了鱼竿并向长者学习了钓鱼方法的年轻人,虽然一开始要忍受饥饿和辛苦,但他学会了捕鱼技巧后每天都能捕到新鲜的鱼来充饥。几年后,他不仅建立了自己的家庭还盖起了房子,过上了幸福安康的生活。

　　这个故事告诉我们:"授人以鱼只救一时之急,授人以渔则可解一生之需。"即送给别人一条鱼能解他一时之饥,却不能解长久之饥;如果想让他永远有鱼吃,就要教会他捕鱼的方法。因此,"授人以鱼不如授人以渔"这句话强调的是传授解决问题的方法或技能比单纯提供物质帮助更为重要。让家长学会测量的方法才能更好地对每个孩子进行针对性的训练,让儿童更好地成长。

知识巩固

习题答案

一、多项选择题

1. 婴幼儿感统测评的注意事项有哪些?（　　）

　　A. 加强与家长的沟通,确保家长理解与配合

　　B. 严格按照测评流程和步骤进行,确保结果的科学性

　　C. 根据测评结果制订适合的训练计划

　　D. 随自己的喜好安排

2. 感觉统合测评量表主要有哪些?（　　）

　　A. 感统发展核对表

　　B. 儿童感觉统合能力发展评定量表

　　C. 感统计划表

　　D. 感统转换表

3. 儿童感觉统合能力发展评定量表主要包括哪几个方面的问题?（　　）

　　A. 前庭失衡

　　B. 触觉功能不良

　　C. 本体感失调

　　D. 学习能力发展不足

　　E. 大年龄幼儿的问题

二、简答题

1. 什么是感觉统合测评?

2. 感觉统合测评的流程有哪些?

第四章　感觉统合活动设计与指导

PPT教学课件

学习目标

- 学习与认识常见的感觉统合训练基础器械,并掌握操作方法。
- 学习感觉统合课程教学原则与教案编写要点。
- 掌握感觉统合活动实施与指导的基本方法。
- 培养婴幼儿全面发展的综合素质和社会适应能力。

学习重点

- 学习与认识感觉统合课程教学原则与教案编写要点,掌握感觉统合基础器械的操作方法。

学习导引

　　婴幼儿的感统教育与训练是通过活动来实现的,如果活动设计不合理,或者违背了科学的教育原则,不但达不到理想的效果,还不利于婴幼儿的发展。可见,掌握感觉统合活动的设计与指导要点十分重要。

第一节　感觉统合器械操作

　　在感觉统合训练中,常用的器械有双杠扶独木桥、四分之一圆平衡板、脚步器、跳跳乐、网缆、圆木柱吊缆、平衡台、摇滚跷跷板、羊角球、旋转陀螺、独角凳、跳袋、蜗牛平衡板、S形平衡木、滚筒等十几种教具。这些教具主要是针对平衡感、本体感、触觉、身体协调、运动能力、手眼及身体协调不良,以及存在运动障碍、注意力不集中、多动症、孤独症倾向的儿童。本节介绍最常用的感觉统合器械的操作及活动或游戏的设计。

一、双杠扶独木桥(又称"晃动平衡木")

教育对象　平衡能力差、运动能力差的幼儿。

教学方法　教师讲解、示范—学生示范—学生练习(教师纠错)。

教具功能

1. 强化身体的双侧协调能力；
2. 增强幼儿的平衡反应和视觉运动协调；
3. 培养幼儿的空间感知能力；
4. 提高幼儿的运动综合能力；
5. 提高幼儿的专注力。

游戏一　走独木桥(双手扶)

操作方法

练习者两脚平行立于独木桥的一端,两手扶住独木桥两边的扶杆,右脚先踩上独木桥,左脚踩在右脚的前面,形成右脚脚尖抵左脚脚跟的姿势,两脚交替向前进行,下了独木桥从按摩毯返回。(独木桥见图4-1)。

注意事项

1. 两手交替抓住扶杆；
2. 步幅不宜过大；
3. 挺胸抬头。

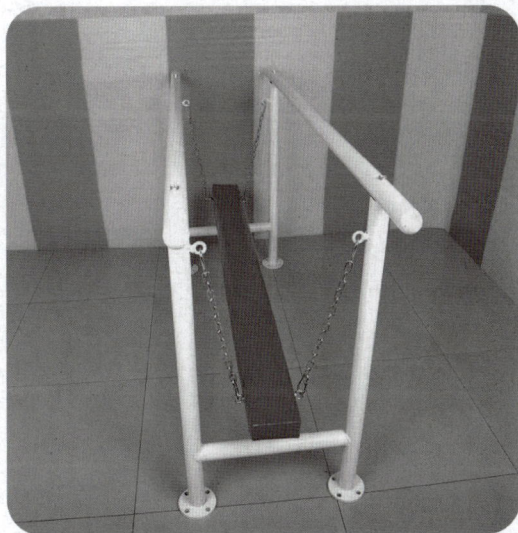

图4-1　双杠扶独木桥

游戏二　走独木桥(单手扶)

操作方法

练习者单手扶独木桥的扶杆,挺胸抬头,目视前方。两脚交替向前进行,一脚脚尖始终触及另一脚的脚跟,下了独木桥从按摩毯返回。

延伸活动

两手轮换扶杆进行练习。

游戏三 走独木桥(不用手扶)

操作方法

两脚前后立于独木桥上,两臂外展保持平衡,两脚交替向前行进。

注意事项

1. 步幅不宜过大;

2. 严禁两手抓扶独木桥两侧的扶杆;

3. 挺胸抬头,目视前方。

该设施存在一定的安全隐患:有侧翻及翘起情况,因此不可以站在平衡木两端,以免平衡木前后摇摆时碰伤,或者失去平衡跌落下来。幼儿不可单独进行,须有教师陪同。此外,平衡木下方不可置物,易导致平衡木倾斜。

二、四分之一圆平衡板

教育对象 身体协调不良、有多动症的幼儿。

教学方法 教师讲解、示范—学生示范—学生练习。

教具功能 1. 增强幼儿的平衡能力及专注力;

2. 有利于幼儿身体形象的建立;

3. 调节幼儿的触觉灵敏性;

4. 改善幼儿的手眼协调性。

游戏一 正圆训练

操作方法

刚开始训练时,可从正圆训练开始,儿童以基本姿势上圆匀速行走,直到身体不摇不晃,肢体协调自如。与所有的平衡行走训练一致,正圆训练可有以下变式:牵手走、叉腰走、顺时针走、拍球走、顶物走、自由走、横着走等。

注意事项

1. 步幅不宜太大;

2. 刚开始训练时,需要教师提供安全防护;

3. 儿童体力不支、注意力下降、脚板疼痛时,可中止或变换其他训练。

游戏二 半圆训练

操作方法

整圆可以拆分成两个半圆:

1. 半圆弧开口朝上放置。儿童可躺在上面,类似摇椅前后、上下晃动,刺激前庭觉;儿童可站在上面晃动,类似平衡台训练,锻炼平衡能力。

2. 半圆弧开口朝下放置。儿童可在两个半圆洞间钻爬,锻炼前庭觉和身体协调能力。还可将半圆当作小圆山坡,以四脚爬的方式进行攀爬。

注意事项

1. 教师需要在一旁协助固定攀爬架和提供安全防护；
2. 小心儿童从斜面上掉落下来；
3. 行走时，必须套上防滑脚垫加以稳定；
4. 儿童体力不支、注意力下降、脚板疼痛时，可中止或变换其他训练。

游戏三　S形圆训练

操作方法

两个半圆开口反向连接成S形圆：

1. 平放。可由正圆训练的循环走，变成沿S形道来回走，增加由转身折返引起的平衡刺激，强化身体协调能力。
2. 立放。可用有起伏变化的攀爬架进行训练。

注意事项

1. 走到S形圆两端时可能会产生轻微翘动，初始训练时要注意提醒和保护，以免儿童跌落或产生恐惧心理；
2. 必须套上防滑脚垫加以稳定；
3. 儿童体力不支、注意力下降、脚板生疼时，可中止或变换其他训练。

游戏四　四分之一圆训练（图 4 - 2）

1. 训练内容参照半圆训练，只是四分之一圆的刺激量要小于半圆，可供起始阶段或平衡感差的儿童选用。
2. 四个四分之一圆开口向下或向上连接放置，可做上下起伏的浪桥来进行行走训练，锻炼儿童的平衡感和身体协调能力。

注意事项

四分之一圆立放时，必须套上防滑脚垫加以稳定。

图 4 - 2　四分之一圆平衡板训练

三、脚步器

教育对象　平衡感不足、协调性不良的幼儿。

教学方法　教师讲解、示范—学生示范—学生练习。

教具功能

1. 促进和提高幼儿的平衡能力；
2. 帮助幼儿建立前庭固有平衡；
3. 发展幼儿的身体协调性、力量性、灵活性，并锻炼下肢力量；
4. 提高幼儿的注意力和观察力；
5. 强化幼儿视动统合和方向感。

操作方法

将脚步器置于水平面上，让幼儿根据脚步器上的图形进行不同方向、不同速度的走动练习（见图 4 - 3）。

图4-3 幼儿在脚步器上走动

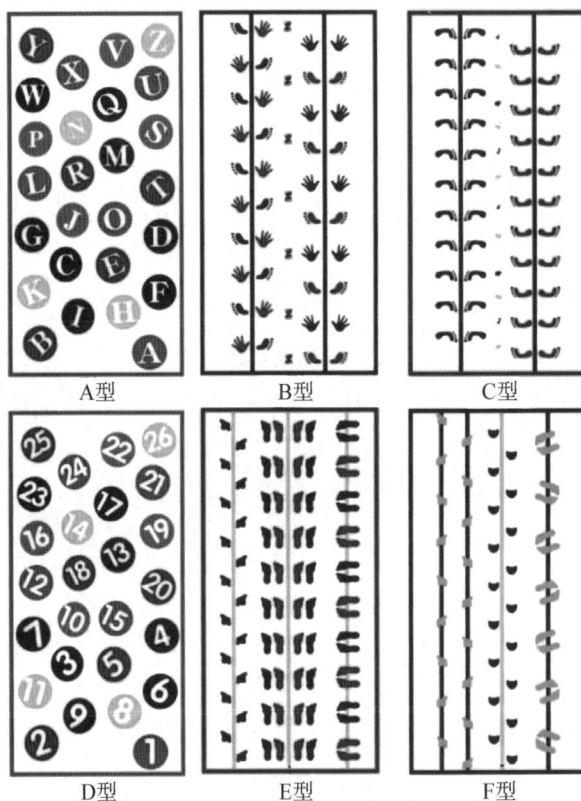

图4-4 不同类型的脚步器

1.行走训练。选择图4-4中的字母图或数字图(图示A、D),按照字母A~Z或数字顺序依次行走,可根据个人需求调整行走的速度。

2.双脚跳(或单脚跳)训练。选择字母或数字图(图示A、D),按照字母A~Z或数字顺序依次双脚跳(或单脚跳),可根据个人需求调整跳跃的速度。

3.对侧(或同侧)爬行训练。选择手形脚形图(图示B),儿童下蹲,按图列依次对侧(或同侧)爬行,依次重复进行。

4.青蛙跳训练。选择手形脚形图(图示B)中右侧的图列,儿童下蹲,双手双脚同时跳至手形脚形图,如青蛙状向前跳,依此重复进行。

5.脚尖(或脚跟)相对走或跳训练。选择图示C,左右脚按照图列进行行走,状如"内八"或"外八"姿势,依次重复进行;双脚脚尖或脚跟相对,根据图列跳上脚形图,依次重复进行。

6. 踮脚走训练。选择图示 E、F:图示 F 左侧两组图列分别进行踮脚尖或脚跟走;图示 E 左侧图列,交替踮脚尖走。

7. 交叉脚走训练。选择图示 E 中中间图列,根据图列指示请儿童左右脚交叉覆盖脚形图行走,依次重复进行。可根据需要选择交叉步幅的大小。

8. 侧身双脚跳训练。选择图示 E 右侧图列,请儿童根据图列侧身双脚跳,依次重复进行,根据需要可重复多次。

9. 反向双脚跳训练。选择图示 F 右侧图列,请儿童根据图列指示进行身体扭转双脚跳,依次重复进行。

10. 可设计其他组合训练。

注意事项

1. 走动时自然放松,身体正直,全身协调,注意力集中。

2. 训练完毕后,可由教师协助或儿童自己按摩腿部和脚板,以舒缓肌肉的紧绷感。

3. 教师可以引导儿童猜出各图列的玩法,以提高其积极性和观察能力。

四、跳跳乐(又称:平衡弹跳球)

教育对象 身体协调性不佳、运动能力不足的幼儿。

教学方法 教师讲解——学生提问、教师答疑——学生操作。

教具功能

1. 统合前庭——固有感觉的输入;

2. 维持高度的平衡感觉;

3. 改善幼儿的身体协调性;

4. 提高幼儿的运动企划能力;

5. 增强幼儿的肺功能、下肢力量,强化蹦跳的动作。

操作方法

指导幼儿站立到跳跳乐的环形板上,双脚夹住上面的半个球,带动跳跳乐一起上下跳动(见图 4-5)。

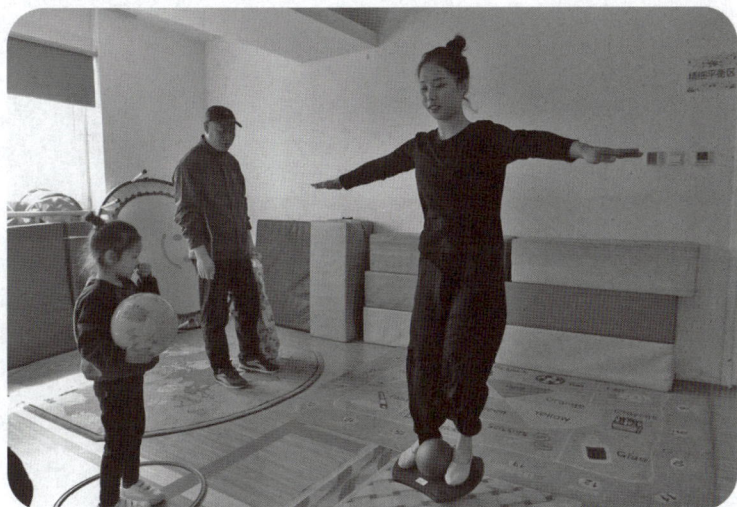

图 4-5 跳跳乐

延伸活动

1. 在地上画一条线,要求幼儿沿着线跳,不得偏离。

2. 在地上画一条线或放一根绳子,要求幼儿在绳子的两边跳过来、跳过去;还可以把绳子设置到一定的高度,再让幼儿跳过来、跳过去。

3. 设置一个一定高度的小平台,让幼儿先跳上平台,再跳下平台。

注意事项

1. 这项活动难度较高,低年龄幼儿无法完成,可对学龄幼儿进行这项训练;

2. 开始学习时,教师可扶住幼儿协助其保持平衡而不致摔倒,也可让幼儿扶着门框或墙壁练习;

3. 熟练后就可以放手跳动了,这时可对跳动的高度、方向等提出一定的要求;

4. 避开易滑、有油污、有碎渣、坑洼不平的地面;

5. 幼儿弹跳时需穿戴护盔、护膝、护肘、护腕;

6. 此项训练对幼儿的体力消耗大,教师应控制时间,以防幼儿过度劳累而从球上跌落。

五、网缆

教育对象 前庭平衡不佳、触觉敏感或迟钝、身体协调不良的幼儿。

教学方法 教师讲解、示范—学生示范—学生练习(教师纠错)。

教具功能

1. 帮助幼儿健全前庭系统;

2. 纠正幼儿触觉的不良反应;

3. 强化幼儿的身体形象;

4. 提高幼儿手眼协调能力和有意注意力。

游戏一 网缆摇篮游戏

操作方法

将网缆稍展开,让幼儿轻松随意地坐在或趴在网缆中,轻轻地左右摇晃(见图4-6、图4-7)。

图4-6 网缆摇篮游戏1

图 4-7 网缆摇篮游戏 2

延伸活动

1. 躺在网缆中的晃动练习;
2. 适当加入旋转的晃动练习。

注意事项

1. 让幼儿尽量放松;
2. 要求在晃动时幼儿注视某一目标。

游戏二 网缆插棍游戏

操作方法

让幼儿俯卧在网缆中,前后晃动网缆,在网缆下方放置一套小木棍和有着相应小孔的木板,要求幼儿双手同时拿起小木棍按顺序插入孔中(见图 4-8)。

图 4-8 网缆插棍游戏

延伸活动

1. 不晃动网缆的插棍练习；
2. 轻微晃动网缆的插棍练习；
3. 从左到右的插棍练习；
4. 从上到下的插棍练习；
5. 从两边到中间的插棍练习。

注意事项

1. 按顺序或指令插入；
2. 晃动要有节奏性；
3. 中间尽量不要有间歇；
4. 做此项游戏时要求幼儿俯卧注视目标。

游戏三　立位网缆游戏

操作方法

让幼儿直立站在网缆上，双脚撑住网缆底端，双手抓住网缆上面的绳索，以保持身体平衡。由教师推动网缆做前后、左右的摇摆和旋转(见图4-9)。

图4-9　立位网缆游戏

注意事项

1. 旋转速度不要过快；
2. 注意观察幼儿的表情。

六、吊缆类(又称"竖抱筒和横抱筒")

教育对象　本体感不足、平衡能力差、运动障碍的幼儿。
教学方法　教师讲解、示范—学生示范—学生练习(教师纠错)。
教具功能

1. 改善幼儿前庭觉、本体觉的协调；

2. 发展幼儿的动作企划能力；

3. 加强幼儿手眼协调和视动功能的统合；

4. 增强幼儿肌肉收缩能力及身体姿势的反应性调整能力；

5. 帮助幼儿塑造良好的自身形象。

游戏一　俯卧环抱或跨坐圆木柱

操作方法

让幼儿用双手双脚环抱着圆木柱或俯卧在圆木柱上，以维持身体的平衡（见图4-10、图4-11）。

图4-10　环抱圆筒吊缆

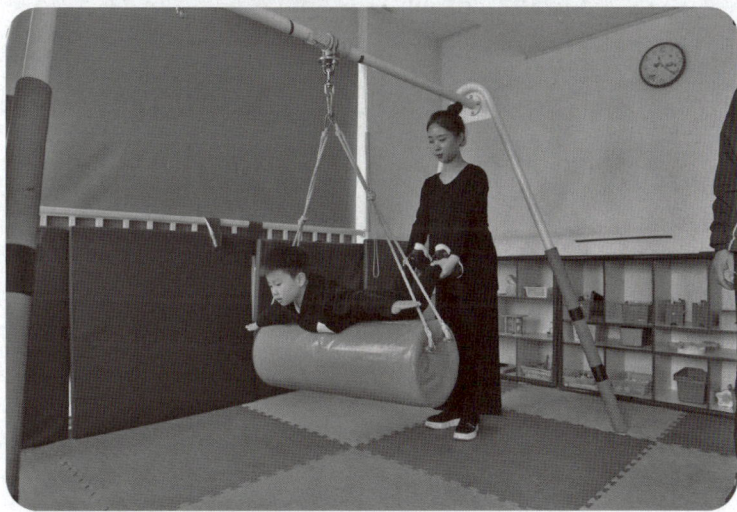

图4-11　俯卧圆木柱吊缆

延伸活动

1. 先让幼儿趴在圆木柱上体验木柱自然摆动的感觉。

2. 由教师推动木柱进行前后、左右、环形旋荡的摇晃。

3. 把绒布娃娃、积木、橡皮等散放在圆木柱下面的地垫上。让幼儿俯卧在圆木柱上，摇晃圆木柱，要求幼儿以自己的方式紧抱着圆木柱，同时俯身把地上的物件捡起来。

4. 把小绒布娃娃、积木、橡皮等混装在一个纸盒中,将纸盒放在圆木柱下面的地垫上,旁边放置一个空纸盒。让幼儿俯卧在圆木柱上,摇晃圆木柱,要求幼儿以自己的任何方式紧抱着圆木柱,同时俯身把一个纸盒中的小绒布娃娃全部取出来放入另一个空纸盒中。

5. 让幼儿手中拿一个纸棒或木棒,在晃动的过程中对准目标物击打。

注意事项

1. 摇晃 3 分钟,停下来休息 3 分钟,再接着摇晃 3 分钟;

2. 如此循环 5~8 次,体会由静到动、由动到静的肌肉反应和前庭感觉输入;

3. 教师需控制摆动的速度、力度、方向等,以免发生意外,同时结束时需减小速度和幅度;

4. 教师提醒幼儿抱紧圆木柱,以免发生意外。

备注:

对于人类,紧抱是婴儿所能做的第一个全身动作,也是奠定以后感觉运动机能的基本架构。一些有发展期运动障碍的幼儿,常见到蜷伏姿势不良的现象。紧抱着圆木柱,可以补充一些基本发展步骤上的缺失,也使得幼儿较易发展动作企划能力。

游戏二 骑木马

操作方法

让幼儿骑在圆木柱上,跟骑木马一样,大腿夹紧以保持身体平衡(见图 4-12)。

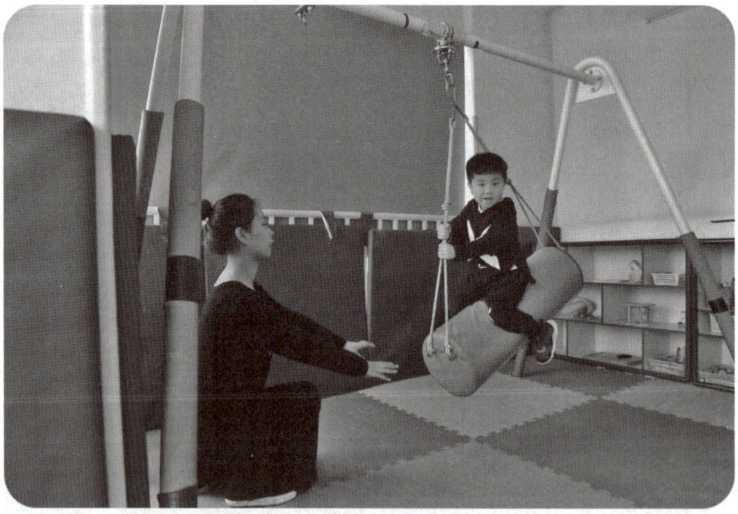

图 4-12 骑木马

注意事项

1. 对于本体感觉不足、身体平衡能力差的幼儿,可先给予较多的协助力量;

2. 指导者可让幼儿的背稍稍靠着自己,也可用手扶着幼儿的肩部或臀部,帮助其保持身体平衡而不至于从圆木柱上跌下来。

延伸活动

1. 由辅导人员跟幼儿一起骑坐在圆木柱上,如同两个人一前一后骑坐在马背上驰骋。让幼儿骑坐在木柱的一端,双腿夹紧木柱,并用手抓住绳索协助保持身体平衡。

2. 可在木柱的一侧设置一块木板,要求幼儿每摆动一次,就自己用脚蹬木板一下,借助木板对蹬力的反作用力来保持木柱的摆动。

3. 可让两个幼儿背对着骑坐在圆木柱上,圆木柱两侧各放置一块木板,要求幼儿自己用脚蹬木板,依靠木板对脚的反作用力推动木柱的摆动。

4. 在圆木柱的一侧放置一个纸盒,里面装有积木或小球,要求幼儿在晃动的过程中抓取指定的物品,并投掷到指定的位置。

5. 为增加趣味性和协作性,可让两个幼儿背对着骑坐在木柱的两端,进行上面的游戏;还可由一个幼儿抓取目标物后交给另一个幼儿,由另一个幼儿完成投掷任务,尔后交换角色。

6. 让幼儿骑坐在木柱上,一手扶着绳索,一手拿一长棒,摇晃时设法用手中的长棒将前方的目标物一一击倒。

7. 在不远处固定一条绳索,让幼儿骑坐在木柱上,用手抓住绳索的一端,带动木柱和身体运动,并在圆木柱上做出各种姿势。

注意事项

1. 指导者自己的脚踩在地板上控制方向和速度,推动圆木柱晃动;
2. 根据幼儿的反应,循序渐进地增加摇晃的强度;
3. 训练的原则是,只在必要的时候才给予适当的支持。

备注:

摇晃得太厉害时幼儿会受不了,甚至会从圆木柱上跌下去,这不是顺应性的反应,对脑内各种感觉的组合没有益处。幼儿需要积累身体正确反应的经验,才能学会控制身体平衡。

游戏三　圆木柱秋千

操作方法

让幼儿抓住圆木柱两侧的绳索,横坐在圆木柱上自由晃动,也可像荡秋千一样前后荡起来(见图4-13)。

图4-13　圆木柱秋千

🔍 **延伸活动**

　　1. 由指导者和幼儿手牵手并排横坐在圆木柱上,让幼儿另一只手抓紧绳索。可让圆木柱自由晃动,也可两人协同摇摆,像荡秋千一样前后荡起来,或借助手的力量和身体的左右摇摆使圆木柱左右晃动。

　　2. 可在圆木柱秋千的前方放置目标物,如悬挂气球或绒布玩具等,要求幼儿在荡动的过程中用脚趾踢指定的目标物。

注意事项

　　因为圆木柱与秋千板不同,触觉敏感、身体协调不良的幼儿刚开始会有些害怕,可由指导者扶着慢慢摇晃,等到幼儿适应了以后再放手让其自己控制。

游戏四 立位秋千

操作方法

　　让幼儿站立在圆木柱上,双手抓住绳索,保持身体平衡,让圆木柱自由晃动或由指导者协助进行前后左右摆动或旋转(见图4-14)。

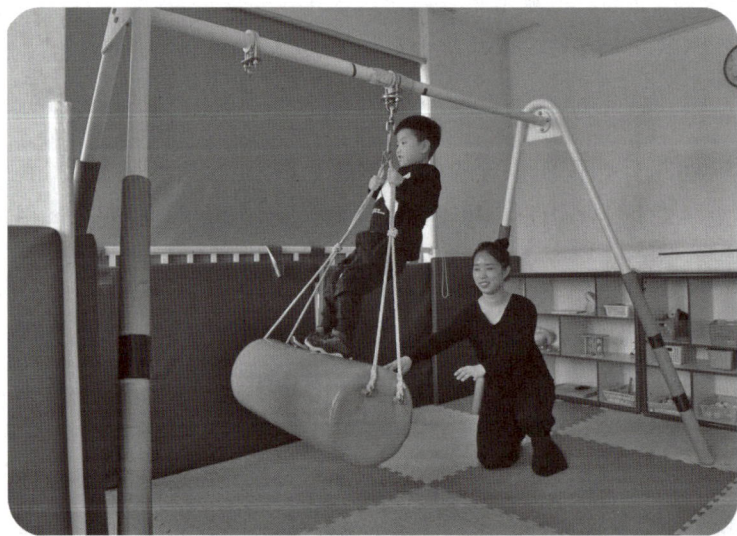

图4-14　立位秋千

🔍 **延伸活动**

　　1. 平衡掌握得比较好的幼儿,可尝试只用一只脚站立,并用另一只脚去踢指定的目标物;

　　2. 若有较大的圆木柱,可两人手牵手站立在上面,各抓住一侧的绳索,一起前后荡起来或进行左右摆动。

示范视频
平衡台训练

七、平衡台

教育对象 多动症、身体协调不良的幼儿。

教学方法　教师讲解、示范—学生示范—学生练习(教师纠错)。

教具功能

1. 强化幼儿的前庭体系和平衡反应；
2. 提高幼儿对身体姿势的控制；
3. 改善幼儿的手眼协调性；
4. 提高幼儿的运动企划能力；
5. 提高幼儿的集中注意力,增强自控力。

游戏一　平衡台练习(平躺摇晃)

操作方法

让幼儿仰躺在平衡台上面,手臂和腿放松,利用平衡台自然晃动或在教师的协助下晃动。

注意事项

1. 开始摇晃的速度应较慢,根据幼儿的反应,速度可适当加快；
2. 有节奏地摇晃。

延伸活动

1. 加快速度的晃动；
2. 闭眼的晃动；
3. 有停顿的左、右晃动。

游戏二　平衡台练习(匍匐摇晃)

操作方法

让幼儿匍匐在平衡台上,自己进行左右摇晃或在教师帮助下摇晃。

延伸活动

1. 在教师的口令下进行变速的摇晃练习；
2. 听教师口令进行有停顿的摇晃练习。

注意事项

1. 口令要有明显的节奏感；
2. 提示别压伤幼儿的手指；
3. 严禁身体各部位触地。

游戏三　平衡台练习(单膝跪或静坐)

操作方法

幼儿单膝跪或静坐在平衡台上,教师对平衡台进行左右摇晃。

🔍 **延伸活动**

1. 讲解如何单膝跪或静坐于平衡台上;
2. 跪在平衡台上的摇晃练习;
3. 睁眼与闭眼相结合的摇晃动作练习。

注意事项

1. 摇晃前提醒幼儿必须跪好、跪稳(单膝触面);
2. 了解幼儿在倾斜时如何处理不安感;
3. 闭眼时摇晃应由慢到快,并有节奏感。

游戏四 被动的平衡台站立摇晃

操作方法

两脚前后立于平衡台上,然后两脚分开,由教师在台下缓慢摇动平衡台(见图4-15)。

图4-15 被动的平衡台站立摇晃

注意事项

1. 注意观察和引导幼儿在摇晃过程中调整身体姿势;
2. 晃动要有节奏感。

游戏五 主动的平衡台站立摇晃

操作方法

幼儿站立在平衡台上,双脚分开,重心交替从一只脚转移到另一只脚,自己控制平衡台的晃动程度(见图4-16)。

图 4-16　主动的平衡台站立摇晃

延伸活动

1. 双手叉腰站立在平衡台上晃动；
2. 双臂外展站立在平衡台上晃动；
3. 双手平举站立在平衡台上晃动；
4. 站在平衡台上缓慢移动身体；
5. 闭眼站在平衡台上晃动。

注意事项

1. 分组进行,每组晃动的次数逐渐增加；
2. 注意重心的转移。

游戏六　平衡台上的有球练习

操作方法

让幼儿站立在平衡台上一边摇动,一边接教师抛过来的球,然后回传给教师(见图 4-17)。

图 4-17　平衡台上的有球练习

延伸活动

1. 传、接教师正面传到胸前的球;
2. 传、接教师传至身侧的球;
3. 传、接教师不同方向的来球;
4. 一边晃动一边拍球的练习。

注意事项

1. 教师传球的速度可由慢到快;
2. 尽量不要让球掉在地上。

游戏七 **平衡台相互扶持**

操作方法

两人共同站立于平衡台上,两人双手紧握或两手相互搭在对方肩上进行晃动的练习,练习时互相协作以保持平衡(见图 4-18)。

图 4-18 平衡台相互扶持

延伸活动

1. 刚开始时教师带领幼儿进行练习;
2. 两个幼儿互相协作练习。

注意事项

1. 注意观察幼儿的反应;
2. 熟练时可变速晃动。

八、摇滚跷跷板

教育对象 前庭平衡感不足、注意力不集中的幼儿。

教学方法　教师讲解、示范—学生练习。

教具功能

1. 提高幼儿的前庭平衡能力；

2. 提高幼儿的身体协调性；

3. 培养幼儿的注意力。

游戏一　被动的站立摇动

操作方法

让幼儿两脚分开，踩在摇滚跷跷板的两边踏板上，由教师在台下扶住幼儿缓慢摇动跷跷板。

注意事项

1. 注意观察和引导幼儿在摇晃过程中身体姿势的调整；

2. 晃动要有节奏感。

游戏二　主动的站立摇动

操作方法

幼儿站立在摇滚跷跷板的两边踏板上，双脚分开，重心交替从一只脚转移到另一只脚，自己控制跷跷板的晃动程度（见图4－19）。

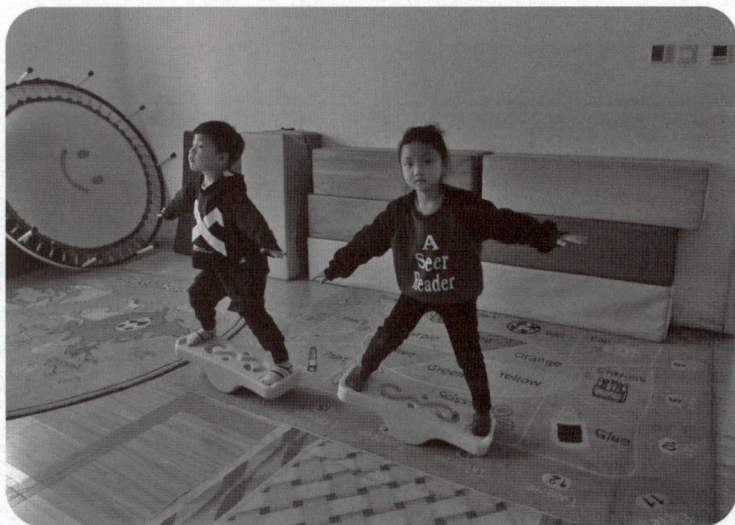

图4－19　主动的站立摇动

延伸活动

1. 双手叉腰站立在跷跷板上晃动；

2. 双臂外展站立在跷跷板上晃动；

3. 双手平举站立在跷跷板上晃动；

4. 站在跷跷板上缓慢移动身体；

5. 闭眼站在跷跷板上晃动；

6. 将小球放入跷跷板内进行滚动。

注意事项

1. 分组进行,每组晃动的次数逐渐增加;
2. 注意重心的转移。

九、羊角球

教育对象 身体协调不良、运动能力不佳的幼儿。

教学方法 教师讲解—个别学生练习(教师纠错)。

教具功能

1. 强化幼儿的姿势反应;
2. 促进幼儿前庭与大脑双侧的统合;
3. 促进幼儿关于高低的运动企划能力;
4. 提高平衡能力;
5. 增强腰背部、腿部力量,强化蹲跳动作。

游戏一 羊角球上的弹动

操作方法

让幼儿坐在羊角球上,双手握住把手,保持身体平衡,尽量用劲往下将球坐扁,再借助球的弹性进行上下振动或往前跳动(见图4-20)。

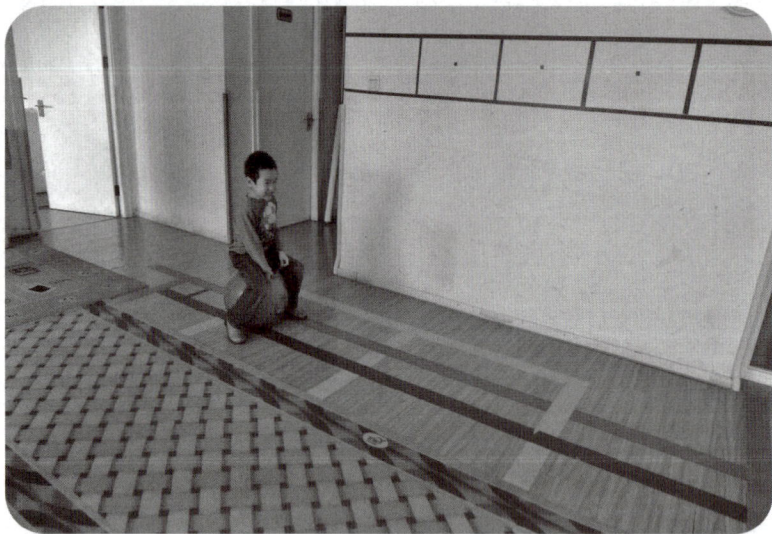

图4-20 羊角球

延伸活动

1. 借助球的弹性进行上下、前后、旋转、绕障碍跳动;
2. 让幼儿沿着指定的路线跳动;
3. 可让两个幼儿一起跳,看谁跳动的次数多;
4. 规定距离,要求幼儿往返跳若干次,看谁先完成。

注意事项

1. 规定跳跃的高度和距离；

2. 跳动时，让幼儿看着教师或同伴手中的彩旗等；

3. 此活动会大量消耗体力，根据幼儿能力量力而行，允许幼儿放弃比赛或暂停休息。

十、旋转陀螺

教育对象 多动、有孤独倾向、运动能力不佳的幼儿。

教学方法 教师讲解—学生提问、教师答疑—个别学生操作。

教具功能

1. 强化前庭与视觉间的协调；

2. 强化对自己身体的认知；

3. 对身体位置、视觉空间及眼球转动的控制帮助较大；

4. 养成对于高度的运动企划能力。

游戏一　坐或蹲在旋转陀螺中

操作方法

让幼儿平坐或蹲在旋转陀螺中，由教师在一旁扶着盆边旋转（见图4-21）。

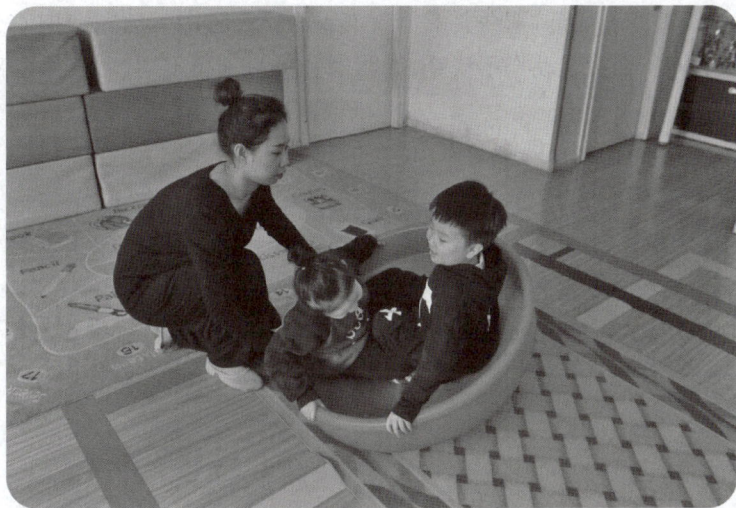

图4-21　双人坐旋转陀螺

延伸活动

1. 投球：递给幼儿一些球，让他投入指定的篮子或纸箱中，可以在陀螺周围不同的方向、不同的距离放置几个篮子或纸箱，经常变更投掷的方向和距离，让幼儿寻找目标。

2. 套圈圈：给幼儿一些小圈圈，在陀螺附近放置小木棒，让幼儿将圈圈丢向指定的木棒并尽量套住小木棒。

注意事项

1. 旋转速度不宜太快，应循序渐进训练，2～3秒钟转一圈；熟练掌握后，旋转的速度也可适当变换。

2. 注意幼儿的反应,并提醒幼儿放松肌肉、感受旋转刺激。

3. 可先向左旋转,稍作停顿后再向右旋转;也可连续往左旋转几次,再连续往右旋转几次。

4. 可经常变换目标的方向和距离。

游戏二 趴在旋转陀螺中

操作方法

让幼儿俯趴在旋转陀螺的边沿上,努力保持身体平衡。可以是双脚踩在边沿、双手扶着边沿的姿势;也可以是双手扶着边沿、双腿跪在边沿的姿势;还可以是四肢伸展架在边沿上,呈飞机飞翔的姿势。

注意事项

1. 尽量让幼儿自己上去,教师可帮助扶持旋转陀螺,协助幼儿保持平衡,等幼儿踩稳、扶好之后,再轻轻旋转;

2. 教师可一边旋转一边跟幼儿说话,鼓励幼儿抬起头来与教师对视;

3. 旋转陀螺中的游戏每次可持续 10～20 分钟,但每次连续旋转的时间不要超过 30 秒。

游戏三 起伏旋转训练

操作方法

幼儿面朝外盘坐于大陀螺底部,双手抓住大陀螺两侧,自己用力向左或向右自由旋转,教师密切关注幼儿旋转的流畅度,如旋转动作不流畅,说明幼儿重力分布不均,需教师在旁引导。

注意事项

1. 旋转时,需要左右交替进行;

2. 教师密切观察幼儿脸色,防止幼儿出现害怕、紧张等情况;若出现幼儿拒绝行为,可以终止或延迟训练,待幼儿情绪稳定后再进行;

3. 教师鼓励幼儿放松肌肉,并提醒女童束发、不戴尖锐金属饰品、不穿紧身裤或裙子,以免造成伤害。

十一、独脚凳

示范视频

独脚凳训练

教育对象 平衡感不足、手眼不协调的幼儿。

教学方法 教师讲解、示范—学生示范—学生练习(教师纠错)。

教具功能

1. 锻炼幼儿身体平衡的能力;

2. 强化幼儿本体觉;

3. 改善幼儿的手眼协调性。

游戏一 坐独脚凳

操作方法

幼儿用手扶起独脚凳,慢慢坐上去,然后放开手,双脚支撑保持平衡(见图 4 - 22)。

图 4-22 坐独脚凳

🔍 **延伸活动**

1. 两人对坐着玩拍手游戏，看谁能够稳得住、不歪倒；

2. 也可两人离得稍远一些玩抛、接球的游戏，两人一组，尽量抛得准、接得好，不失球、不歪倒，就算成功；

3. 幼儿以基本姿势坐立于独脚凳上休息或看书，并能保持平衡。

游戏二 独脚凳踢腿练习

操作方法

当幼儿在独脚凳上坐稳后，让幼儿双手叉腰，双腿轮流抬起。

🔍 **延伸活动**

1. 双手伸展：先双手伸展平举或上举，再交替踢腿（见图 4-23）。

图 4-23 独脚凳踢腿

2. 手摸脚背：踢腿时伸手向前尽量去摸踢起来的脚背，先用对侧手摸，再双手一起摸。

游戏三 **转圈训练**

操作方法 幼儿以基本姿势坐于独脚凳上,以顺时针或逆时针方向转动身体并带动独脚凳转圈走。

注意事项

1. 刚开始练习时,速度不宜太快,根据幼儿情况而定;

2. 为幼儿的安全着想,可在摩擦力大的地面(如软垫或毛毯等)进行。

十二、跳袋

教育对象 身体协调不佳、运动能力不足的幼儿。

教学方法 教师讲解—学生提问、教师答疑—学生操作。

教具功能

1. 促进幼儿双侧的协调能力及身体平衡能力;

2. 增强幼儿的跳跃能力及腰部和下肢力量;

3. 提高幼儿的运动企划能力。

操作方法 让幼儿双脚站入袋中,双手提起袋沿,往前跳动(见图4-24)。

图4-24 跳袋

🔍 延伸活动

1. 原地跳跃或原地转圈;

2. 向前向后跳,幼儿熟练运用跳袋后,可尝试倒退跳;

3. 向左或右横着跳;

4. 向不同方向跳跃;

5. 幼儿同时比赛跳,看谁先到达终点;

6. 绕障碍跳跃:在路径上放置障碍物,幼儿依次绕行,以不碰倒为基本要求。

注意事项

1. 刚开始时不宜要求幼儿跳得太快；
2. 根据幼儿的能力,每次训练跳 5～10 组,每组距离 6 米左右；
3. 关注幼儿运动时的反应,及时让幼儿休息。

十三、蜗牛(太极)平衡板

教育对象 平衡感不足、本体感不足的幼儿。

教学方法 教师讲解、示范—学生练习。

教具功能

1. 强化幼儿的前庭体系和平衡反应；
2. 提高幼儿对身体姿势的控制；
3. 改善幼儿的手眼协调性；
4. 提高幼儿的运动企划能力。

操作方法

让幼儿双脚踏上平衡板,利用身体带动平衡板向不同角度倾斜,使小球由中心移至外围,再由外围移至中心(见图 4-25)。

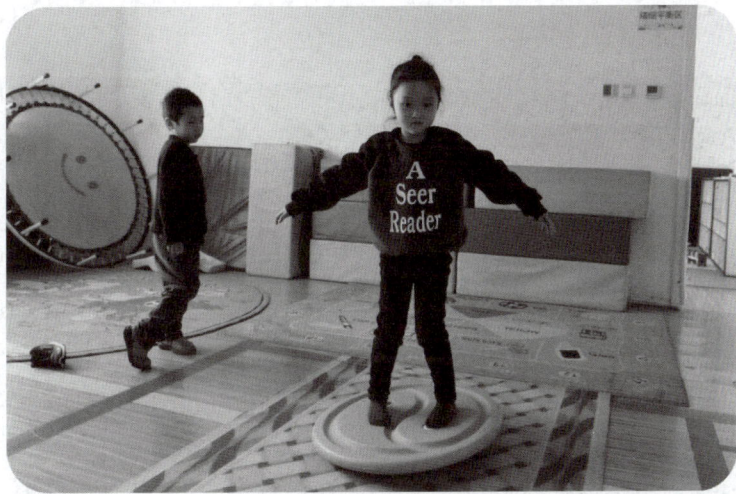

图 4-25 蜗牛平衡板

注意事项

平衡感差的幼儿一开始会很难完成这一项游戏,可让他们用手摇动平衡板,将小球由外围移至中心,或由中心移至外围。

十四、S 形平衡木

教育对象 平衡感不足、本体感不足的幼儿。

教学方法 教师讲解、示范—学生练习。

教具功能

1. 强化幼儿的前庭体系和平衡反应；

2. 提高幼儿身体协调能力及空间知觉能力;

3. 改善幼儿本体感觉的建立;

4. 提高幼儿的运动企划能力。

操作方法

将S形平衡木呈高低走向或左右走向安置,让幼儿站在平衡木上,双脚交替前走(见图4-26、图4-27)。

图4-26 S形平衡木1

图4-27 S形平衡木2

延伸活动

1. 平举或叉腰走;

2. 正着或倒着走;

3. 睁眼或闭眼走;

4. 持物或顶物走。

注意事项

1. 双手平伸，抬头挺胸；
2. 幼儿体力及注意力下降、脚板不舒服时，可中止或变换其他训练。

十五、滚筒

教育对象　触觉敏感或不足、身体协调不良的幼儿。

教学方法　教师讲解、示范—学生练习。

教具功能

1. 强化幼儿的前庭固有平衡体系；
2. 提高幼儿的运动企划能力；
3. 提高幼儿四肢的协调性及胆量；
4. 利用头部的转动促进幼儿眼肌的成熟。

游戏一　旋转滚筒

操作方法

让幼儿倒爬进滚筒中，头部在外面，两臂贴紧脸部以保护头部，教师轻轻晃动或旋转滚筒（见图4-28）。

图4-28　旋转滚筒

注意事项

1. 训练时尽量和幼儿讲话；
2. 当幼儿有不适感时，立即停下来；
3. 如幼儿有眩晕或气闷时，让幼儿先坐下来做深呼吸；
4. 饭后1小时内应避免此项游戏。

游戏二　自我滚动

操作方法

让幼儿钻进滚筒，利用自己身体的滚动进行滚动练习（见图4-29）。

图 4-29　自我滚动

1. 如幼儿有眩晕或气闷时,让他先坐下来做深呼吸;

2. 可进行竞赛游戏;

3. 教师适时进行方向的纠正。

游戏三　平衡游戏

操作方法

让幼儿自行爬上滚筒,两脚分开立于滚筒上,伸展双手,保持身体的平衡(见图 4-30)。

图 4-30　平衡游戏

注意事项

1. 不可对幼儿强行进行此项练习;

2. 注意观察幼儿的脸色,防止掉下摔伤;

3. 尽量让幼儿自己做;

4. 教师在旁边注意保护,有困难时适当给予帮助。

十六、88 轨道

教育对象　手眼协调能力不足或注意力不集中的幼儿。

教学方法　教师讲解、示范—学生练习。

教具功能　1. 促进幼儿手眼协调和运动企划能力的发展；

　　　　　　2. 促进幼儿双手配合能力以及手腕动作的灵活性；

　　　　　　3. 培养幼儿的观察力、注意力和思维能力。

示范视频

88 轨道训练

操作方法

幼儿两手放在手把处，当球滚动至 S 型轨道的末端时，迅速改变轨道方向，持续球的运行，让球在两个变换轨道上持续运转不落（见图 4-31）。

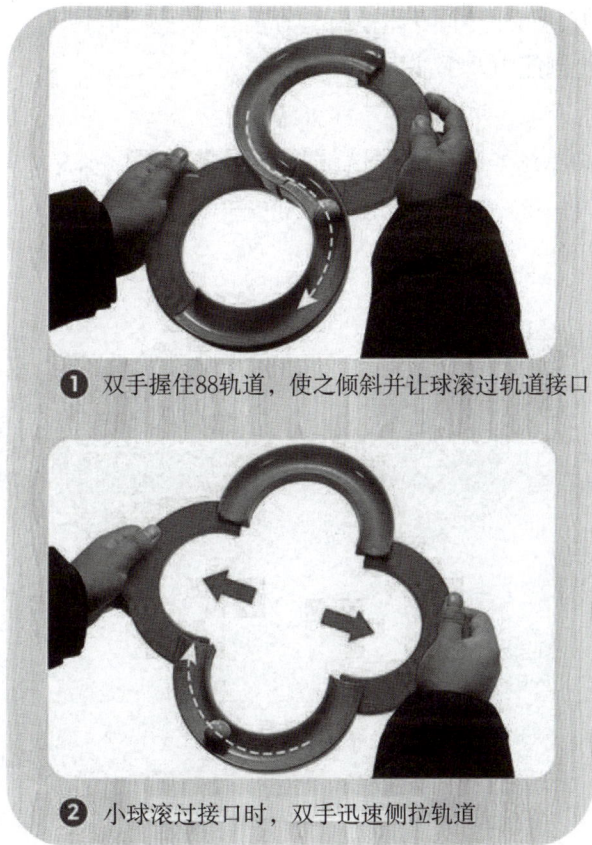

❶ 双手握住88轨道，使之倾斜并让球滚过轨道接口

❷ 小球滚过接口时，双手迅速侧拉轨道

图 4-31　88 轨道游戏

🔍 **延伸活动**

1. 执手训练。教师和幼儿面对面共同抓住 88 轨道的手柄，教师带动幼儿前后移动手柄，使轨道不断变化，头尾衔接，并顺势晃动小球，使小球沿轨道流畅地绕转。

2. 独立训练。幼儿独立抓住 88 轨道的手柄，前后推动手柄使轨道持续头尾衔接，并晃动小球使小球沿轨道流畅地绕转。通过控制可以实现顺时针绕转、逆时针绕转、快转慢转、骤转急停、随音乐绕转等。

3. 协同训练。双人、多人集体协同训练，协同控制游戏的速度、方向等，也可以尝试在训练中变换队形。

1. 训练时营造安静的氛围,排除多余声光刺激的干扰;
2. 执88轨道的双臂肌肉尽量放松、平稳地保持在胸前的同一水平面上;
3. 初训时,幼儿因未能控制球的运动速度而出现反复掉球的情况时,教师应多鼓励幼儿。

十七、上下转盘

教育对象 视知觉功能不良、手眼协调不足、前庭觉不足、注意力不集中的幼儿。

教学方法 教师讲解、示范—学生练习。

教具功能

1. 锻炼幼儿的手眼协调能力;
2. 提升幼儿的专注力、反应能力、身体控制能力,强化前庭功能;
3. 发展幼儿的手腕控制能力及手部力量。

操作方法

双手抓住上下转盘两侧,将小球放于轨道中,保持视觉追踪。当球过半后双手进行交替转动,促使小球回环运转(见图4-32)。

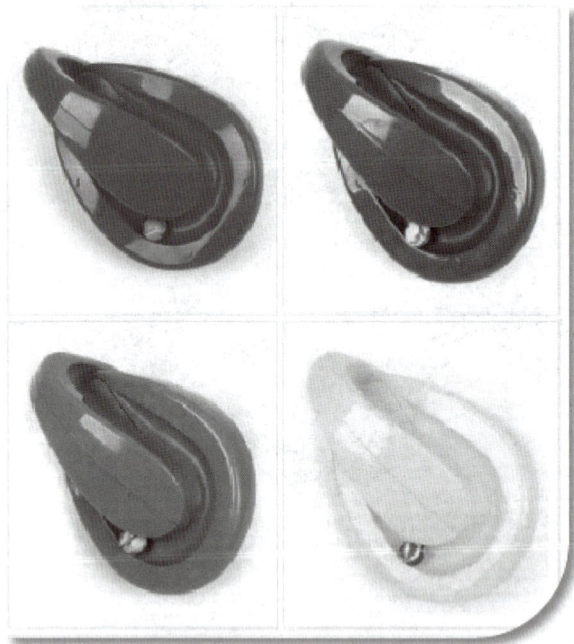

图4-32　上下转盘训练

延伸活动

1. 独脚凳+上下转盘训练:让幼儿坐在独脚凳上,并做上下转盘训练。要求幼儿既不从独脚凳上跌落,也能保证上下转盘的小球不掉落。
2. 脚踏车+上下转盘训练:让幼儿骑在脚踏车上,手拿上下转盘,然后一边骑脚踏车,一边做上下转盘的训练。可以让幼儿正着骑、倒着骑、蹲着骑,要求幼儿骑的过程中上下转盘的小球尽量不掉落。

1. 训练要循序渐进，初学时可以在一面上训练，熟悉后再回环训练；

2. 如果幼儿反复掉球，应多鼓励幼儿或者先降低难度，也可重新示范动作再练习。

十八、踩踏石

教育对象　身体平衡和形象概念不佳、前庭觉不佳及注意力不集中的幼儿。

教学方法　教师讲解、示范—学生练习。

教具功能

1. 强化身体双侧协调及空间位置能力；

2. 发展平衡能力及自信；

3. 强化本体觉、触觉的统合。

操作方法

将平衡踩踏石的绳线理好，双手各提一个，并将踩踏石底面置放于地面上，脚踏上踩踏石，并提拉绳索使绳索绷紧，通过提绳索拉起同侧踩踏石及同侧脚；另一只脚亦同（见图 4-33）。

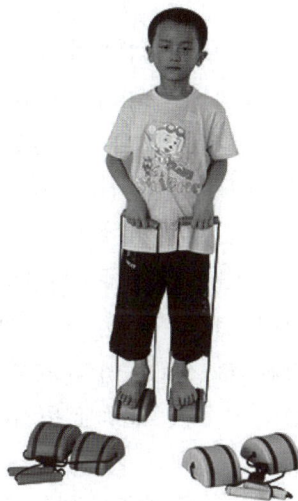

图 4-33　踩踏石

延伸活动

1. 踩高跷。以基本动作准备，左手提拉左脚，右手提拉右脚。提拉时同侧协调，双侧交替迈步前进。顺利适应后，可以变化速度、脚步幅度、方向等刺激。

2. 踩踏石跨障碍训练。在动线上放置箱子、栏杆、交通锥等路障，可提拉踩踏石连续跨障碍走或绕障碍走。

3. 踩踏石跳房子训练。以踩踏石的基本动作，配合各式跳房子游戏，增强幼儿身体的协调性和灵活性。

4. 单脚踩踏石训练。仅以单脚踩踏石站立或原地单脚跳。此训练对单脚耐力、单侧协调及平衡感的刺激非常强。

5. 踩踏石自由追逐跑。以踩踏石的基本姿势加入自由追逐游戏，如抓人游戏，以增加游戏的趣味性和幼儿参与游戏的主动性。

6. 踩踏石上下楼梯。在无人行走的宽度较大的楼梯上踩高跷，规定右上左下，互不推挤。

7. 踩踏石走平衡木。在平衡木上踩高跷，注意安全保护。

注意事项

1. 平衡踩踏石的踩踏板有触觉颗粒，光脚或穿薄袜均可以进行脚底触觉训练；

2. 在走动过程中幼儿必须一直拉紧绳索，不能有松弛现象；

3. 撤去绳子，踩踏石可替代过河石使用；

4. 可以利用竹筒、木头、罐头罐、奶粉罐等材料用绳子串起，制成平衡踩踏石使用。

第二节 感觉统合课程的教学原则与教案编写

一、感觉统合课程的教学原则

(一)目标性原则

目标是一切活动的出发点和归宿,对活动起着导向作用,进行感统课程教学的教师不能按照自己的兴趣和喜好随意去做,一切的设计和实施都必须围绕目标进行。在具体的过程中要把握目标的方向性和指导性,做到心中时刻有目标,及时监控自己的教学行为。

(二)主体性原则

婴幼儿是学习的主体,只有婴幼儿积极参与、主动配合,才可以达到理想的训练效果。在感统课程教学中,应发挥婴幼儿的主体性原则,尊重婴幼儿的人格和需要,想方设法激发其主动性。教师应该创设一个好的学习环境,做婴幼儿学习的观察者、支持者和引导者,让婴幼儿真正成为活动的主人;准确把握婴幼儿的学习状态、学习兴趣和学习动机,发挥婴幼儿的积极性和主动性。

(三)游戏性原则

游戏是婴幼儿最喜爱的活动,也是其学习的方式。在感统教学的过程中,要尊重婴幼儿的天性,寓教育于游戏之中,避免机械枯燥的训练;要树立正确的游戏观念,利用感统游戏,结合感统器材,使婴幼儿在轻松、快乐的氛围中,发展与提升感觉统合能力。

(四)兴趣性原则

兴趣是婴幼儿活动的重要影响因素,如果忽视其兴趣,课堂将会变成机械式的训练,枯燥乏味,婴幼儿必然会抵触和反感。兴趣是最好的老师,教师必须考虑婴幼儿的兴趣和需要,对活动进行合理设计与指导,让活动变得充满乐趣,才能让婴幼儿体验乐趣,不断获得成功的体验,体验到训练的趣味性,从而提高婴幼儿参与活动的积极性,培养对训练的掌控力。

(五)发展性原则

人体机能的成熟、功能的完善是一个阶段性的、渐进发展的过程,婴幼儿感觉统合训练要体现渐进发展的原则,主要表现在:训练难度总体呈上升的趋势,由简单到复杂;训练内容由单一领域的专项训练发展到多个领域的整合训练,训练内容上越来越多元化,逐步提高婴幼儿各感觉通道之间的信息交流和整合;在感统教学中能够针对不同阶段的婴幼儿,充分考虑到渐进发展的原则,以充分适应婴幼儿的身心发展状况。婴幼儿的生长发育是一个阶段性的、连续发展的过程,不同婴幼儿的发展存在着很大差异,即使是同一个婴幼儿,在其自身发展的每个阶段也会存在着很大的差异性。要尊重婴幼儿群体生长发育的基本规律,同时也要考虑个体差异,以满足不同年龄阶段婴幼儿的需要。

二、感觉统合教案编写

(一)教案的主要构成

教案应包括活动名称、适应年龄段、设计意图、活动目标、活动准备、活动过程、活动延伸等部分。

1. 活动名称及适应年龄段

活动名称要能够看出活动的内容是什么,适应年龄段要写清楚适合哪个年龄段的儿童,如适合

0.5～1岁、2～3岁。

2. 设计意图

简略说明通过此次活动可以训练婴幼儿的哪些方面(如促进触觉、前庭平衡、本体觉等方面的发展)，以及活动对婴幼儿发展的价值等。

3. 活动目标

活动目标是活动的出发点和归宿，对整个活动起着导向作用，主要说明旨在发展婴幼儿哪些方面的感觉统合能力，使婴幼儿通过活动获得哪些情感体验等。例如，"小豆袋旅行记"的活动目标为：认识身体各部位的位置及名称；培养身体动作协调的能力；提升身体的柔软度；灵活运动身体各部位。再如，"勇敢的小兔"的活动目标：提供给婴幼儿感觉信息，帮助开发中枢神经系统；刺激婴幼儿前庭平衡、触觉发展，帮助婴幼儿抑制和调节感觉信息；让婴幼儿感到快乐和体验战胜困难后的成就感。

4. 活动准备

活动准备是指活动中需要为婴幼儿提供的物质准备和婴幼儿自身的经验准备。例如，"勇敢的小兔"的活动准备：手脚形状的卡片四副、兔子头饰、大灰狼卡片、蘑菇卡片、平衡步道、圆形跳床、滑板、平衡跷跷板、海洋球、彩色接龙、颗粒大龙球、四分之一圆等。

5. 活动过程

(1)开始部分

目的在于将婴幼儿组织起来，吸引婴幼儿的注意力，引发参与活动的积极性，为即将进行的活动做好准备。可以做一些简单的热身运动，也可以用充满激情的语言感染婴幼儿，使他们积极参与、勇于尝试。

(2)基本部分

这是整个活动的核心环节，主要进行感觉统合的训练与学习。第一个环节，教师可以通过讲解和示范，让婴幼儿掌握动作要领和器材的操作方法。第二个环节，教师可以让婴幼儿进行动作练习，发展自己的感觉统合能力。第三个环节可以通过游戏的方式，巩固学习成果。另外，也可以通过创设故事情境贯穿活动始终，进行感觉统合训练。

(3)结束部分

目的在于有组织地引导婴幼儿进行放松整理。结束活动，使身体和情绪放松下来，身体恢复平静状态；教师同时可以进行总结与评价。

6. 活动延伸

活动延伸的目的在于让婴幼儿的活动可以延伸下去，巩固已有的学习成果，进一步促进婴幼儿感觉统合的发展。

(1)触觉类活动延伸

① 示例：好玩的泥土

此案例主要是针对触觉敏感不足儿童和自闭症儿童。

主要玩法：将泥土或沙土放置在大盆子或大塑胶布上面，让婴幼儿能用手做成泥球和各种东西，并注意观察婴幼儿对各种材料接触上的排斥和接受情况。

活动延伸：可以利用户外游戏，让婴幼儿在沙地、泥浆、草地、碎石子地上做游戏。触觉是固有感觉中非常重要的一项，对婴幼儿本体感的发展和感觉统合能力的提高有很大的帮助。

② 示例：抓痒痒

此案例主要是针对触觉敏感或不足、身体协调不佳的婴幼儿。

主要玩法：让婴幼儿躺在软垫上，教师在其腋下、胸口挠痒，看其反应来控制用力的大小及刺激的强度。

活动延伸：挠痒时，也可以同时告诉婴幼儿身体部位的名称，增加其对词汇的兴趣。

（2）前庭类活动延伸

① 示例：飞机飞飞

此案例主要是针对触觉敏感或不足、多动症、身体协调不良的婴幼儿。

主要玩法：可以让婴幼儿以俯卧姿势在展开的大方巾上平爬，由两位教师各拉起大方巾一侧，左右晃动，使婴幼儿的体位处于前后摆动状态。前后摆动可以使小脑及脑干的前庭网膜在过滤和选择刺激信息时有更佳的调适性，但如果婴幼儿觉得不舒服和害怕，应立刻终止。

活动延伸：可以在前后摆动之际，指示婴幼儿向固定目标投球或将东西投入指定箱子内。

② 示例：空中升降机

此案例主要是针对多动症、身体协调不良的儿童。

主要玩法：两位指导者中一人抓住婴幼儿的脚，一人抓住婴幼儿的手，抬高后进行左右和上下摇动。婴幼儿可以分别用仰卧或俯卧的姿势练习。注意婴幼儿肌肉紧张的情形，不宜勉强进行。

活动延伸：也可以改成指导者每人两手分握婴幼儿同侧的手、脚，便于进行前后上下的摇动。摇动时可以配合音乐或"一、二、三"的口令，以增加趣味性。

（3）本体感活动延伸

示例：线上走走

此案例主要是针对身体协调不良的儿童。

主要玩法：在地上用胶布贴成一条直线，婴幼儿双脚前后相接，左脚跟接右脚尖，右脚跟接左脚尖交替前进。双手可向两侧平伸，以协助保持平衡。另外，也可以脚尖着地或者脚后跟着地前进，前进路线可以直角转弯，斜角前进，或做圆弧形前进。

活动延伸：做直线游戏时，婴幼儿手上可拿任何东西。

（二）教案的撰写示例

勇敢的小兔(2～3岁)

活动目标

1. 为幼儿提供感觉信息，帮助其开发中枢神经系统；

2. 主要刺激幼儿前庭平衡、触觉，帮助儿童抑制和调节感觉信息；

3. 让幼儿感到快乐和体验战胜困难后的成就感。

活动准备

手脚形状卡片四副、兔子头饰、大灰狼卡片、蘑菇卡片、平衡步道、圆形跳床、滑车、平衡跷跷板、海洋球、彩色接龙、颗粒大龙球、四分之一圆。

活动过程

一、开始环节：热身舞——《兔子舞》

二、基本环节

1. 采蘑菇

"今天是兔子妈妈的生日，小兔子们，一起去采蘑菇送给妈妈好不好？"

第一项：小手摸大手(双脚跳到脚丫卡片上，双手蹲下摸手形卡片——锻炼幼儿的前庭觉、触觉)。

第二项：平衡步道(双手双膝着地进行爬行——刺激手部神经及全身触觉感应)。

第三项：圆形跳床(在跳床上跳三下——训练前庭平衡及手眼协调)。

第四项：滑车(趴在滑车上，双腿并拢伸直，用双手划地前行——调节前庭觉和触觉，引发丰富的平衡反应，对本体感也起到促进作用)。

采到蘑菇后贴在身上,小兔子们带上蘑菇回家。

2. 打败大灰狼

"回家路上遇见了大灰狼,我们一起打败他!"

第一项:平衡跷跷板＋海洋球(踩着平衡跷跷板将海洋球投掷到贴有大灰狼的筐里——前庭平衡、视觉统合及手眼协调能力的训练)。

第二项:彩色接龙(将彩色接龙的教具摆开,幼儿在摆好的教具里可跳、走、钻、爬——锻炼幼儿的前庭平衡、肢体动作等)。

3. 放松活动

把蘑菇交给老师,"回到了家,我们放松一下吧!"分组活动,然后对调活动内容。

第一项:颗粒大龙球(幼儿趴在地垫上,教师用大龙球在幼儿身体上从头到脚滚动,来回反复三次——刺激幼儿的触觉及其他感觉)。

第二项:四分之一圆(把四分之一圆放倒,变成摇篮,幼儿躺在四分之一圆中来回晃动——发展前庭平衡,刺激幼儿左右脑发展)。

三、结束环节

幼儿排好队,随着音乐离开感统训练场。

鳄鱼来了(2.5～3岁)

活动目标

1. 促进左右协调的动作能力;

2. 培养身体的平衡性;

3. 训练幼儿的肌耐力;

4. 训练幼儿走路的平稳性。

活动准备

70厘米体能环7个、半砖8个、35厘米体能环4个、全砖12个、70厘米体能棒6个、平衡桥3个。

活动过程

一、引起动机

让幼儿一起吟唱《五只猴子荡秋千》的手指谣,感受手指谣里所提及的情境。

二、基本环节

1. 利用道具,创设"鳄鱼池"的情境。成人扮演鳄鱼,幼儿则扮演猴子。

2. 请幼儿通过横走、跳、走平衡木及爬的动作进行闯关的活动。进行活动时,成人可同时配合情境引导幼儿。例如:"小心!! 保持平衡,不要掉在池塘里,鳄鱼就在旁边哦!"

3. 请幼儿分享活动的感觉,例如:

(1) 在平衡桥上走的时候,你用什么方法保持平衡不掉下来?

(2) 跳的时候,用双脚跳还是单脚跳?

(3) 爬行的时候,会不会卡在圆圈上?

三、结束环节

幼儿跟着音乐做放松的动作,并帮助教师整理器材。

活动延伸

针对年龄较大的幼儿,可增长路径及增加动作操作的挑战性。

第三节 感觉统合活动的实施与指导

一、感觉统合活动的组织与指导

(一) 教师感统教育观念和角色定位

人类的各种感觉,是身体在与外界环境相互作用的过程中发展起来的,在成长发育过程中与周围环境互动越多,获得感觉体验越多,感觉统合功能的发展就越好。因此,作为一名教师,应该树立正确的感统教育观念,认识到感统对婴幼儿学习和生活的重要影响,掌握正确的感统教育理论和测量评估方法,让每一个婴幼儿都能够得到相应的发展。那么,作为一名感统训练师,应该扮演什么样的角色呢?

第一,是一名观察者。作为一名感统训练师必须善于观察,了解婴幼儿在活动中想什么、做什么、会遇到什么困难,或者存在哪些问题、哪里需要帮助、应该怎么帮助。这些都是应该观察和了解的内容。

第二,是一名支持者。在婴幼儿进行操作或者练习的时候,教师应该创造一切良好环境和条件,支持幼儿的活动,在不干扰婴幼儿活动的前提下,提供给婴幼儿一切所需要的支持。

第三,是一名教育者。感统训练师需要向被训练者或其家长解释感觉统合的重要性,提供相关的理论知识和训练方法,帮助他们理解和配合训练。

第四,是一名研究者。感统训练师需要持续研究新的理论和方法,不断提高训练的效果和效率。

第五,是一名引导者。感统教育活动的目的是使婴幼儿感觉统合能力得到更好的发展,让婴幼儿在游戏中轻松活动,在快乐中学习与发展。

(二) 感觉统合活动的组织与指导要点

1. 帮助婴幼儿选择最合适的训练计划

在感统测评结束之后,教师对婴幼儿的感统能力发展水平已经有了较为全面的了解。此时,应该根据每个婴幼儿情况的不同,制定个性化的辅导方案,并在实施的过程中,根据婴幼儿实际情况和发展需求,适时调整,让婴幼儿的感统教育取得较好的效果。

2. 创设一个宽松、和谐的活动氛围

感统活动除了要有良好的物质环境以外,还应注意心理环境的创设。应该尊重婴幼儿的人格,重视婴幼儿的自主性和主体性,营造和谐的互动氛围,以积极的态度去对待婴幼儿,运用支持性语言进行指导与训练,灵活运用语言指导、动作示范参与游戏等方式,对婴幼儿进行有针对性的指导。此外,还要考虑婴幼儿的心理需求,根据实际情况及时调整教育策略。

3. 注意与幼儿的交流和互动

根据教师主导、学生主体的原则,可以看出教师与婴幼儿之间是相互作用、相互影响的,所以师生之间的互动和交流是十分必要的。通过互动和交流,教师可以更好地了解婴幼儿的状态与需求,婴幼儿也可以对教师更加信赖与产生心灵上的共鸣。在互动的过程中,注意不要让婴幼儿处于一种消极被动的状态,应站在平等的角度,鼓励婴幼儿大胆说出自己内心的真实想法,并给予积极的回应,从而建立真正的沟通与互动关系。

4. 善于观察、发现问题,并及时解决

观察能力是教师必备的能力之一,观察也是了解婴幼儿发展水平的重要方式。为了保证活动

的顺利开展,教师必须积极地观察婴幼儿,了解婴幼儿的身心状态和兴趣需要,在不干扰婴幼儿活动和游戏的前提下,对婴幼儿进行支持与引导;当发现问题时,应该抓住时机进行必要的指导或干预,并及时解决问题。

二、感觉统合活动的反思与改进

在婴幼儿活动结束之后,适当的反思有助于下次活动的更好开展。反思不但有利于婴幼儿的发展,更有利于教师的专业成长,活动结束后的反思可以帮助教师总结活动经验,发现自身存在的问题与不足,吸取经验与教训,进行自我评价和自我完善,不断地提高自身的指导能力和教学水平。教师在进行活动反思的时候,切忌流于形式,应该认真思考自己的教学活动有哪些优势,存在什么不足,有哪些环节需要改进。只有深刻地进行反思,才能够提高教学效率,更好地完成教学目标。

思政园地

在中国古代,荀况提出:"知之不若行之,学至于行之而止矣。行之,明也。""知之而不行,虽敦必困。"要求理论必须结合实践,达到学懂学会、学以致用的目的。

感觉统合教育是一门理论、实践兼重的学科,这就要求从理论与实际的联系上去理解知识,注意运用知识去分析问题和解决问题,达到预防和改善感觉统合失调所带来的各类问题的目标。

知识巩固

习题答案

一、多项选择题

1. 双杠扶独木桥的教具功能都有哪些?(   )
   A. 强化身体的双侧配合
   B. 增强婴幼儿的平衡反应和视觉运动协调
   C. 培养婴幼儿的空间知觉
   D. 提高婴幼儿的运动企划能力
2. 感觉统合教育活动的反思有什么作用?(   )
   A. 有助于下次活动的更好开展
   B. 有利于教师的专业成长
   C. 帮助教师总结活动经验
   D. 进行自我评价和自我完善

二、简答题

1. 感觉统合课程的教学原则有哪些?
2. 感觉统合的教案应该包含哪些部分?
3. 作为一名感统训练师,应该扮演什么样的角色?
4. 感觉统合活动的组织与指导要点有哪些?

第五章 特殊幼儿的感觉统合训练

学习目标

- 学习与认识特殊幼儿的基本特征。
- 学习感觉统合训练对特殊幼儿的作用。
- 掌握不同特殊幼儿的不同表现和训练重点。
- 培养特殊幼儿的道德品质和行为习惯。
- 树立正确的儿童差异观、教育观。

学习重点

- 学习与认识感觉统合训练对特殊幼儿的作用,对特殊幼儿哪些行为表现有益处。

学习导引

相对于普通幼儿来说,各类特殊幼儿更有可能患上感觉统合失调。本章就感觉统合训练对四类特殊幼儿的作用进行了详细说明,意在加强对问题幼儿的特殊教育,唤起教师和家长对他们更多的关心和爱护。

第一节 抽 动 症

一、什么是抽动症

抽动症,即小儿抽动秽语综合征,是一种慢性神经精神障碍的疾病,又称多发性抽动症,是指以不自主的突然的多发性抽动,及在抽动的同时伴有暴发性发声和秽语为主要表现的抽动障碍。男性多见,大部分患者于4～12岁起病。患者常存在多种共病情况,如注意力缺陷多动障碍、强迫障碍、行为问题等。近年的研究揭示,可能是遗传因素、神经生理、生化代谢及环境因素等在发育过程中相互作用的结果。

二、抽动症的特征和表现

抽动秽语综合征的特征是不自主的、突发的、快速重复的肌肉抽动,在抽动的同时常伴有暴发性的、不自主的发声和秽语。抽动症状先从面、颈部开始,逐渐向下蔓延。抽动的部位和形式多种多样,比如眨眼、斜视、噘嘴、摇头、耸肩、缩颈、伸臂、甩臂、挺胸、弯腰、旋转躯体等。发声性抽动则表现为喉鸣音、吼叫声,可逐渐转变为刻板式咒骂、陈述污秽词语等。有些患儿在不自主抽动后,逐渐产生语言运动障碍,部分患儿还可产生模仿语言、模仿动作、模仿表情等行为。患儿不自主喉鸣出现较晚,少部分在早期出现,多数在起病后的6~7年出现。患儿的病情常有波动性,时轻时重,有时可自行缓解一段时间。抽动部位、频度及强度均可发生变化。患儿在紧张、焦虑、疲劳、睡眠不足时可加重,精神放松时减轻,睡眠后可消失。患儿智力一般正常,部分患儿可伴有注意力不集中、学习困难、情绪障碍等心理问题。

三、感觉统合训练对抽动症的矫治作用

感觉统合训练通过科学的设计、特别的器材为儿童提供一种感觉输入的治疗,通过听觉、视觉、基础感觉、平衡、空间知觉等方面的训练,增强机体的自我控制力,从而促进抽动症状的改善。

感觉统合训练同时结合心理干预治疗,对患有抽动症的幼儿有明显的效果。采用心理咨询的方法,适当地实施行为矫治,可解决不少幼儿中存在的抽动症问题。具体可针对病因、病史,运用心理学知识、技能,让幼儿参与感统训练,结交玩伴,学会在"玩中学,学中玩"。临床实践中发现,年龄越小、发现越早、家长配合力度越大,抽动症治疗效果越明显。

第二节　多 动 症

一、什么是多动症

注意力缺陷障碍又称幼儿多动综合征,简称多动症,特发于幼儿学前时期,明显症状是活动量大。注意力缺陷障碍是多动、注意力不集中、参与事件能力差,伴随认知障碍和学习困难、智力基本正常等表现的一组综合征。世界卫生组织(WHO)在《国际疾病分类(第10版)》(ICD-10)中命名本病为幼儿多动综合征;美国精神病学会在《精神障碍诊断和统计手册(第3版修订版)》(DSM-Ⅲ-R)中则称为注意力缺陷-多动障碍。

二、多动症的特征和表现

(一) 注意力缺陷

主动注意力保持时间达不到患儿年龄和智商相应的水平,是多动障碍的核心症状之一。这种小儿的注意力很易受环境的影响而分散,注意力集中的时间短暂。因而,他们在玩积木或上课时往往也显得不专心,易受环境的干扰而分心,注意对象频繁地从一种活动转移到另一种活动,好像是因为注意到新的事物而对原来的事物失去兴趣。做功课时不能全神贯注,边做边玩,不断改变作业内容,不断以喝水、吃东西等理由中断作业,粗心大意、随意涂改、丢三落四,因动作拖拉而使做作业时间明显延长。他们对来自各方的刺激几乎都起反应,不能过滤无关刺激,所以注意力难以集中。少数患儿表现为凝视一处发呆,端坐于教室中眼望老师,而内心活动跟学习内容毫不相关。轻度注意力缺陷时,可以对自己感兴趣的活动集中注意力,如看电视、听故事等;严重注意力缺陷时,对任何活动都不能集中注意力。

(二) 活动过多

多数患儿从幼年起就格外好动。在需要相对安静的环境中,活动量和活动内容明显增多,在需

要自我约束或秩序井然的场合显得尤为突出,是多动障碍又一核心症状。活动过度大都开始于幼儿早期,进入小学后因受到各种限制,表现得更为显著。有部分幼儿在婴儿时期就开始有过度活动,他们表现得格外活泼,会从摇篮或小车里向外爬。当他们开始学步时,往往是以跑代走。患儿稍大,看幼儿读物看不了几页就换一本,或者干脆把书撕了。有时翻箱倒柜,搞得乱七八糟。进入小学后,表现为在教室内过分不安宁和(或)小动作明显多,不能静坐,在座位上扭来扭去、左顾右盼、东张西望、摇桌转椅;话多喧闹、闲不住,常招惹别人,凡能碰到的东西总要碰一下,故意闹出声音以引起别人的注意,常与同学发生争吵或打架;常因好插嘴和干扰他人,而引起老师的厌烦;不遵守课堂纪律和秩序,喜欢危险的游戏,爬高下低,喜欢恶作剧。

(三) 冲动性

多动症幼儿由于缺乏克制能力,常对一些不愉快刺激做出过分的反应,并常做出不加思考的举动。这些幼儿易被激惹,做事不顾后果,喜欢破坏东西,等等,表现为:幼稚、任性、自我克制力差;行为唐突、冒失;事前缺乏缜密的考虑,行为不顾后果,甚至可能在冲动之下出现危险举动,如伤人或破坏行为;事后不会吸取教训。在情绪方面,他们要什么,非得立刻得到满足,否则会哭闹、发脾气,经常惹是生非;情绪不稳,会无故叫喊或哄闹,没有耐心,做什么事情都急躁。总之,冲动任性是多动症幼儿突出而又经常出现的症状。为此,有些学者将其作为核心症状来看待。

(四) 学习困难

多动症幼儿的智力水平大都正常或接近正常,然而由于注意力有缺陷和活动过度,仍给学习带来一定困难,影响了患儿的课堂学习效果及完成作业的速度与质量,造成学业不良,学习成绩与智力水平不相符。部分患儿存在认知功能缺陷,如视觉-空间位置障碍,分不清主体与背景的关系,不能分析图形的组合,也不能将图形中各部分综合成一整体,不能分辨左右,以至于写颠倒字,"部"写成"陪",将"6"读成"9","b"看成"d",甚至分不清左或右。他们还有诵读、拼音、书写或语言表达等方面的困难,多动症幼儿常未经认真思考就回答,认识欠缺也是造成学习困难的原因之一。

此外,多动症幼儿有 30%~60%伴有对抗障碍,20%~30%伴有品行障碍或焦虑障碍,20%~60%伴有学习技能障碍。

一般来讲,多动症幼儿的临床症状波动有时与幼儿所处场合、从事的活动有关。多动症幼儿在做作业、从事重复性或需巨大努力的活动及做不新奇的事情时,其注意力的维持最困难。在有吸引力、新的情况下,或不熟悉的环境中,多动症的症状可减轻。在连续而直接的强化程序下,比局部的和延迟的强化程序下注意力的维持情况好些。在指导语进行必要重复时,对任务的完成,多动症幼儿注意力的维持问题不大。在没有特别严格的规范和严格的纪律要求遵守的地方,多动症幼儿与普通幼儿几乎无区别。其症状随情景而波动的现象说明了多动症幼儿表现的症状严重程度受环境的影响,并与环境高度相互作用。

(五) 神经系统异常

半数多动症患儿存在精细动作、协调运动、空间位置觉功能缺陷。动作技巧方面笨拙,如翻手、对指运动、系鞋带和扣纽扣等都不灵便,左右分辨困难,但这些症状随神经系统发育成熟会逐渐好转。神经发育异常的少数患儿伴有语言发育延迟,语言表达能力差。神经心理学测验表明,神经发育异常的幼儿在注意力、记忆、视运动及概括、推理能力方面有发育障碍。

(六) 行为品行问题

多动症幼儿往往不听从父母及老师的管教,好挑斗、打架、说谎、虐待他人和小动物、干扰集体活动。多动症的症状多种多样,并常因年龄、所处环境和周围人态度的不同而有所差异。

三、感觉统合训练对多动症的矫治作用

实践研究表明,由专业指导师进行感觉统合指导训练,对多动症幼儿的治疗有积极的效果。训

练项目：采用滑板、网缆、圆桶秋千、平衡木、平衡台、大龙球、球池、时光隧道、袋鼠跳、万象组合、脚踏石等器械进行形体训练；采用串珠、夹珠、穿针引线、88轨道、迷宫走珠等游戏进行精细动作训练；采用文字、图形、数字等进行视、听、记忆的特殊训练。一般每周3次，每次60分钟，24次为一期，每人训练两期。每期训练开始与结束时进行幼儿感觉统合能力发展量表评估，并设计训练效果跟踪表，内容包括情绪稳定、完成作业、注意力集中、学习成绩、运动协调等。

具体而言，感统训练对多动症幼儿具有以下两方面的作用。

（1）感觉统合训练可以改善注意力。多动症幼儿进行感觉统合训练后，其好动不安和注意力不集中现象均能改善，运动协调能力、情绪稳定、完成作业和学习成绩也有较大的提高。其中，8岁以下比8岁以上儿童的改善情况更加显著；训练时间越长，在协调能力、情绪稳定、学习成绩方面效果越显著。

（2）感觉统合训练可以改善组织能力和自控能力。感觉统合训练的效果是肯定的，幼儿的感觉统合功能是在发展过程中，从单纯的各种感觉发展到初级的感觉统合、身体双侧的协调、眼手协调、情绪稳定及从事目的性活动，再进一步发展到高级的感觉统合，即注意力、组织能力、自我控制、学习能力、概括和推理能力的提高。感觉统合障碍是可以通过训练加以矫治的。

感觉统合训练作为一种针对多动症的有效干预手段，能够显著改善儿童的注意力不集中，身体协调性差及情绪管理问题。然而，此训练并非一劳永逸的解决方案，还需要家长、教师和专业人员的共同努力与配合，才能为孩子创造一个良好的成长环境。

第三节　发育迟缓

一、什么是发育迟缓

所谓发育迟缓，指的是在生长发育过程中，婴幼儿出现的生长速度放慢或是发育顺序异常等现象。婴幼儿发育迟缓的发病率在6％～8％。具体来说，婴幼儿发育迟缓是指6岁之前因各种原因（包括脑神经或肌肉神经、生理疾病、心理疾病、社会环境因素等）所导致的，在认知发展、生理发展、语言及沟通发展、心理社会发展或生活自理方面出现发育落后或异常。

二、发育迟缓的特征和表现

1. 体格发育落后

从出生到青春期结束，体格生长连续不断地进行，但是生长不是匀速的，各个年龄段的生长速度并不相同。体格发育落后就是在体格发育的过程中由于内在和外在的因素造成了发育上低于正常指标范围。

2. 运动发育落后

运动发育落后指的是婴幼儿运动机能发育落后于普通同龄婴幼儿，此类婴幼儿身体发软、运动明显减少、反应迟钝、头围异常。

3. 语言发育落后

语言发育落后是指由各种原因引起的幼儿口头表达能力或语言理解能力明显落后于同龄幼儿的正常发育水平。智力低下、听力障碍、构音器官疾病、中枢神经系统疾病、语言环境不良等因素均是婴幼儿语言发育迟缓的常见原因。

4. 智力发育落后

智力发育落后是指该类婴幼儿在某方面或多方面的智力发育水平明显滞后，通常滞后同龄人

4~6个月,表现为入学以后出现学习困难,领悟力低,分析综合能力欠缺,思维较简单,经过努力勉强可以达到小学毕业水平,有一定的社交能力,成年后具有低水平的职业适应能力,缺乏主见,对环境变化缺乏应对能力。

5. 心理发展落后

人类各种心理活动包括感知觉、注意、记忆、学习、想象、思维、言语、情感、意志行动、自我意识以及个性心理特征等,都是在0~3岁这个早期阶段发生的。每一种心理过程的发展都有其独特的特点、具体的发展进程及其规律。如果心理发育落后,就要进行一系列的治疗和锻炼。

总体而言,生长发育迟缓的表现往往是多方面的,多有体格发育、运动发育及智力发育落后等情况,但也可能某一方面的问题表现突出。如果身高、体重、头围的测量值全部都偏低的话,那就表示幼儿的发育出现了全面的迟缓,应该向儿科医师做详细咨询,以确认是否需要做进一步的检查。如果只是身高、体重、头围的某一项指标出现偏低,则表示幼儿可能出现了部分的发育迟缓,可进一步检查脑神经或内分泌等项目,以了解幼儿的生理发展是否受到了影响。

三、感觉统合训练对发育迟缓的矫治作用

感统训练可以促进大脑发育,通过动作活动使人的大脑获得有关身体各部位的信息,获得身体与外界环境平衡与否的信息,而使动作协调起来,对外界做出正确的反应。从这一意义来看,通过感统训练可以促进幼儿大脑发育以及智力发展。

(1)感统训练可以促进注意力的发展。通过感统训练的大运动训练可以帮助婴幼儿提高专注力,因为无论是拍球、滑滑梯,还是走平衡木等,要完成这些训练都需要注意力的集中。

(2)感统训练可以促进语言和交往能力的发展。在感统训练中,蹦床运动就可以增加气息的顺畅性,边跳边说可以提高声带的功能,增强发音力量。一边做感统训练一边说,可以使幼儿更好地吸收学习到的知识。另外,感统训练是游戏和运动的结合,可以促进幼儿社会交往能力的发展。

(3)感统训练可以稳定情绪。感统训练可以释放婴幼儿身体里过剩的能量,使婴幼儿心情愉悦。

(4)感统训练可以促进平衡及空间知觉能力的发展。平衡能力的提高使婴幼儿对各种感官信息的接收、传导及统合都有明显作用。大多数发育迟缓幼儿平衡感差,做翻跟头、滚动、滑板、攀登、走平衡木、旋转及左右手和左右脚的协调活动(踢球、跑步、上下楼梯等)可以有效提高身体平衡能力和空间感知能力。

(5)感统训练可以改善运动协调能力。感觉统合训练中的活动多涉及身体的多个部位和感官,能够锻炼儿童的肌肉力量和协调性,提高运动能力。

感觉统合训练作为矫治发育迟缓的一种有效手段,已经得到了广泛的关注和应用。通过对感知觉、运动协调等方面的刺激和调节,有助于改善发育迟缓儿童的各项能力。然而,目前对于感觉统合训练的作用机制和最佳实践模式仍需要进一步的研究和探索。

第四节 自 闭 症

一、什么是自闭症

自闭症,又称孤独性障碍或孤独症,被归类为一种由于神经系统失调导致的发育障碍,其病征包括不正常的社交能力、沟通能力、兴趣和行为模式,是广泛性发育障碍的代表性疾病。自闭症严

重损害沟通技能,常以刻板的行为、兴趣和活动为特征,一般3岁前发病。

自闭症的患病率,一般为2~5人/万人(幼儿人口),男女比例约为3∶1至4∶1,女孩症状一般较男孩严重。

二、自闭症幼儿的特征和表现

(一) 社会交流障碍

社会交流障碍分为社交心理障碍、社交功能障碍、社交情绪障碍,表现为与人交往时(尤其是大众场合下),会不由自主地感到紧张、害怕,以致手足无措、语无伦次,严重的甚至害怕见人,常称为社交恐惧症、人际恐怖症。其中,有些人主要表现为对异性的恐惧,称为异性恐惧症。在社会交往中缺乏自信,总认为自己不行,缺乏交往的勇气和信心。社会交往中过多地约束自己的言行,以致无法充分地表达自己的思想感情,阻碍了人际关系的正常发展。

(二) 语言交流障碍

语言发育落后,或者在正常语言发育后出现语言能力倒退,或语言缺乏交流性质,与他人言语沟通不能顺利进行。

(三) 重复刻板行为

刻板行为是指重复的、固定的、无明确意义的行为。通常,这种行为被打断时,会引发强烈的情感冲突。

(1) 刻板动作。比如,反复甩手、反复玩手指、反复摇晃身体、打头自伤等肢体动作的刻板。此类刻板行为最为常见。

(2) 刻板思维。例如,积木必须搭成一条线,数数必须从1到10不能从中打断,讲故事只讲同一个,必须沿着同一路径回家等。此类刻板行为具有一定的思维秩序性。

(3) 刻板语言。幼儿总是重复同样一句话(有自言自语的性质),唱同一句歌词或只会使用单一词汇,如只能表达打开,什么都是打开,拿起苹果也叫打开,画画也叫打开。此类刻板行为不能将语言灵活运用,尤其表现为句子组织能力弱。

(4) 刻板规则。例如,到某一餐馆必须吃某种特定食物,没有的话就会崩溃;或者,游戏玩熟练之后,拒绝更改任何规则。

(四) 智力异常

(1) 70%左右的孤独症幼儿智力发育低下,但这些幼儿可能在某些方面具有较强能力,20%的患儿智力在正常范围,约10%的患儿智力超常,多数患儿记忆力较好,尤其是在机械记忆方面。

(2) 各方面能力的发展显著不均衡,而且发展过程和一般幼儿相比差异较大。

(五) 感觉异常

(1) 对某些声音、颜色、食物或光线会产生焦躁不安的情绪或反应强烈。

(2) 对冷、热、疼痛的反应很弱,所以对危险行为缺乏警觉及适当的反应。

(3) 会不断转动身体或用异常的方法探索物件,让自己沉迷在某种感官刺激中。

(4) 表现为多动、注意力分散、发脾气、攻击、自伤等。这类行为可能与父母教育中较多使用打骂或惩罚有一定的关系,从而不会与人建立正常的联系。

(六) 兴趣狭窄

(1) 行为刻板重复,强烈要求环境维持不变。

(2) 部分患者可能会有异常的记忆力。

(3) 在个人兴趣和技能方面可能有特别超卓的表现。

(七) 社交不足

(1) 对外界事物不感兴趣,不太能察觉别人的存在。

（2）与人缺乏目光接触,不能主动与人交往、分享或参与活动。

（3）在群处方面,模仿力较弱,未能掌握社交技巧,缺乏合作性。

（4）想象力较弱,极少通过玩具进行象征性的游戏活动。

（5）语言发展迟缓、有障碍,说话内容、速度及音调异常。

（6）对语言理解和非语言沟通有不同程度的困难。

（7）欠缺口语沟通的能力。

(八)行为异常

（1）在日常生活中,坚持某些行事方式和程序,拒绝改变习惯和常规,并且不断重复一些动作。

（2）兴趣狭窄,会极度专注于某些物件,或物件的某些部分,对某些特定形状的物体特别感兴趣。

（3）甚少与别人有目光接触,也不会注意别人的表情和情绪变化,更难从言语、行为推断他人的想法,没有意愿和意图去理解别人的感受。

（4）有时候会有不恰当的情感表现和社交行为,如在别人不开心时大笑,在某些场合说些不恰当的话,或不能与人分享快乐。

（5）会抗拒某种味道、颜色或未曾吃过的食物,因而形成严重的偏食行为。

（6）会有难以入睡的情况。

三、感觉统合训练对于自闭症幼儿的矫治作用

(一)感统训练可稳定自闭症幼儿的情绪

感觉统合训练是一种社会性活动,是幼儿学习的一种方式。有部分自闭症幼儿在不熟悉的环境里有焦虑、恐惧等情绪,很难较好地参与学习活动,进行感觉统合训练能使他们产生成就感,愿意参与到学习中。通过逐步引导,并且营造愉快的气氛,能有效排除幼儿的焦虑、恐惧,使其体会到游戏的快乐,从而抑制不良情绪的产生,还能使已有的不良情绪向好的情绪转化。例如,某自闭症幼儿十分抗拒陌生人,但好奇心强、学习能力较强及眼神交流较好。针对这种情况,可设计"点虫虫""一网不捞鱼"游戏,先让他与熟悉的人一起玩游戏,然后换掉游戏当中的人,每次加入1~2个他不认识的人。过了一个半月,他竟然能够不在意陌生人的参与,能沉浸在游戏的快乐当中,情绪得到了很好的控制,从而增强了参与游戏的积极性。

(二)感统训练可增进自闭症幼儿语言的发展

语言交流障碍是大多数自闭症幼儿去就诊的主要原因,有部分幼儿具备开口说话的能力,但是语言缺乏交流性质。游戏对于言语能力差的幼儿来说,有非常大的促进作用。如果能在游戏中激发他们的兴趣,培养他们愉快的情绪,那么就可以增进语言交流的能力。

(三)感统训练可以让自闭症幼儿学会遵守规则

自闭症幼儿在认知方面的能力较差,他们对环境的理解能力也差。因此,不仅要培养幼儿参与游戏的兴趣,让他们愿意参与游戏,同时还要要求他们在游戏中遵守规则、执行规则。如何达到这一目的呢?首先要让他们理解游戏及其规则,这就需要老师或家长的辅助,当他们能达到要求时,马上给予肯定。例如,多多是个多动且不听指令、不喜欢人多、易烦躁的幼儿,因此周六的亲子游戏是无法参与的,但他理解能力、模仿能力较好,对事物较好奇,所以教师与其母亲一起示范玩奥普迈的"我的一天"游戏,让他先看,感受游戏的快乐,两个星期后让他也参与到游戏中来,每当他能遵守游戏规则时,就马上给予肯定。这样,当他对游戏产生的兴趣变得持续稳定时,教师的辅助就可逐渐减少直至消失,强化也逐渐减弱。如此一来,遵守和执行游戏规则就成了他非常自觉的一种行为了。

(四)感统训练可以培养自闭症幼儿学会观察

自闭症幼儿与周围的人们和环境建立联系时,不会去观察某人某物,但可以通过游戏的方式来

提高他们的兴趣,逐步培养他们学会观察别人。例如,挑选 4 位小朋友玩"木头人"的观察游戏,刚开始,四位小朋友听到"我们都是木头人,不许笑、不许哭、不许动"时,没反应、不理解,更不会观察别人的行为表现,他们有的玩手,有的跑来跑去,还有的大笑。教师与家长则是照常进行游戏,气氛非常好。慢慢地,他们有的感受到热闹的气氛会主动参与游戏。到了第四天,其中一位小朋友理解了游戏的规则,并能观察到小朋友在动,能用语言表达,另三位小朋友在第六七天也学会了观察别人。

(五) 感统训练可以培养自闭症幼儿感受游戏气氛及乐趣

游戏是幼儿最亲密的朋友,游戏的气氛直接影响幼儿的能力发挥。设计多种类型亲子游戏,简单而热闹的游戏,幼儿们既能自由地去参与,不受活动所要求的条件限制,又能在活跃的气氛中得到精神上的乐趣。例如,有一个母子班每天都上一节奥普迈游戏课,教师都是根据幼儿的能力来设计游戏。就拿"刷牙""洗脸"游戏来说,主要是训练幼儿能听从指令及快速反应,这些游戏幼儿都很喜欢,百做不厌,每次场地内都充满了幼儿、家长们的笑声、欢呼声,让所有的人都感受到游戏的乐趣。

经实践研究表明,感觉统合训练对自闭症幼儿的康复治疗具有显著作用。经过一段时间的训练,自闭症幼儿不仅在社交互动、沟通能力、遵守规则,还在注意力和集中力等方面都有显著的改善。同时,也有越来越多的康复机构和家庭开始尝试使用感觉统合训练来帮助自闭症儿童。未来,我们期待有更多的研究和实践,进一步探索感觉统合训练在自闭症儿童矫治中的作用,为这些幼儿带来更多的希望和可能。

思政园地

社会各界应以习近平新时代中国特色社会主义思想为指导,深入贯彻落实党的二十大全会精神,全面贯彻党的教育方针,落实立德树人根本任务,遵循特殊教育规律,以适宜融合为目标,按照拓展学段服务、推进融合教育、提升支撑能力的基本思路,加快健全特殊教育体系,不断完善特殊教育保障机制,全面提高特殊教育质量,促进特殊儿童青少年自尊、自信、自强、自立,实现最大限度的发展,切实增强残疾儿童青少年家庭福祉,努力使特殊儿童青少年成长为国家有用之才。

知识巩固

习题答案

一、不定项选择题

1. 以下关于自闭症的叙述中哪一项是正确的?(　　)
   A. 自闭症儿童不会说话
   B. 自闭症儿童没有感情,因此不会与他人建立友谊
   C. 所有自闭症儿童在某方面有特殊能力
   D. 自闭症不是一种心理疾病

2. 在各类特殊幼儿中,(　　)功能失调广泛存在,是感觉统合失调的核心问题。
   A. 触觉　　　　　　B. 前庭觉　　　　　　C. 本体觉　　　　　　D. 味觉

二、简答题

1. 感觉统合训练对幼儿学习障碍与多动症的治疗作用有哪些?
2. 感觉统合训练对特殊幼儿的作用是运动可以代替的吗?
3. 谈一谈自闭症与感觉统合之间的关系。
4. 如何区别一个幼儿是多动症还是一般多动?

第六章 感觉统合治疗师的职业要求

PPT教学课件

学习目标

- 了解感觉统合治疗师应具备的能力。
- 知道感觉统合治疗师在工作中的注意事项。
- 掌握感觉统合治疗师应具备的心态。
- 增强社会责任感,关注弱势群体,坚守职业操守,树立良好的职业形象。
- 全面提高作为感觉统合治疗师的素养素质及创新能力。

学习重点

- 掌握感觉统合治疗师在工作中面对婴幼儿和家长的态度及方式。
- 能够具备感觉统合治疗师的基本职业要求。

学习导引

一个合格的感觉统合治疗师除了要有慈母般的爱心和耐心,能够较好地理解家长和婴幼儿的心理,还要系统深入地学习婴幼儿心理学、教育学等相关知识,再经过一定周期的严格培训,考核合格,才能上岗。本章就感觉统合治疗师的职业素质要求及工作注意事项作详细的讲解。

第一节 感觉统合治疗师的职业素质要求

作为一名感觉统合治疗师,要对专业有完整的掌握,并不断学习提升。感觉统合治疗师的职业素质主要有以下四个方面的要求。

一、感觉统合治疗师要具备专业的感觉统合知识

微课

感觉统合治疗师的职业素质要求

作为一名感觉统合治疗师,必须深入了解感觉统合理论知识和器械操作规范标准及流程。每个感统失调的婴幼儿表现都不相同,具有同类型失调表现的婴幼儿其统合失调原因也各异。那么,这就要求教师对感觉统合理论要有深刻的掌握和认识。在感觉统合训练里,同一种器械不同的玩

法会针对不同的感统功能有不同的针对性训练效果,这就需要教师熟练地掌握感统器械的不同操作标准,只有这样,训练效果才会有针对性和效果性。

在感统训练中,教师不但要使训练达到效果,还要有一定的游戏性和娱乐性,以提高婴幼儿上课的乐趣,还要具备能进行个性化训练的能力。

每个需接受训练的婴幼儿失调的程度、失调的类型不尽相同,所以教师在上训练课时,一定要做到因材施教,科学灵活地运用训练器材,充分考虑训练环境因素,只有这样才有可能成为一名合格的感觉统合治疗师。

二、感觉统合治疗师必须具备运动学知识

运动学知识是指人在运动时要遵循的生理、心理规律。感觉统合训练是以运动形式展现出来的。虽然感觉统合训练针对的是婴幼儿的感统功能,但整个过程是靠婴幼儿自身的运动完成的。所以,婴幼儿的感统实现过程就是一个运动实现的过程,因此训练的每个环节和要求都要符合运动学原理。

感统治疗师要能上感觉统合课就必须掌握运动学知识,如运动解剖学、运动生理学、生物力学等。例如,幼儿在做某项运动时,是在刺激幼儿某一感统功能,同时也是在锻炼幼儿某些肌肉和身体机能。因此,感统治疗师要对该运动感统功能的刺激作用了解清楚,才能起到应有的活动效果。再如,幼儿跳蹦床在感统上是发展幼儿重力觉失调的一个项目,感统治疗师要清楚地知道这是需要幼儿跳跃的一个项目,必须符合运动学原理,如果跳跃的动作不规范、不符合要求,幅度过大或过小,都有可能给幼儿造成生理上的伤害。另外,感统训练前必须让婴幼儿做好生理、心理的准备,这也是感统训练要符合运动原理的重要原因。

三、感觉统合治疗师要具备教育学和心理学知识

接受感统训练的幼儿多数是学龄前儿童,训练是以课程的形式完成的,感统训练就是一个教学过程。因此要求感统治疗师掌握教育学原理,熟练掌握教学方法、教学措施。只有掌握这些,感统治疗师才能很好地控制课堂并有效地开展训练。例如,感统治疗师什么时候用示范法,什么时候用练习法,是只给婴幼儿讲述,还是只让婴幼儿模仿,这些都需要教育学方面的知识。只有掌握这些知识,感统训练的教学才能得心应手、事半功倍。

同时,感统治疗师还要掌握婴幼儿心理学的知识,具体就是了解婴幼儿心理不同时期的不同变化,从而进行直接有效的教育训练。例如,感统治疗师要知道什么样的婴幼儿缺乏安全感,以及造成缺乏安全感的可能原因。只有了解这些知识,感统治疗师才能有针对性地进行教育训练活动,也只有具备这些知识,才可以对感统失调的婴幼儿进行有效的训练,进而才可以成为一名优秀的感统治疗师。

四、感觉统合治疗师要掌握相应的工作流程

作为一名感觉统合治疗师,必须掌握整个感统训练实施的过程,每一步、每一个环节都要掌握,而且要符合规定的流程。其实,感统训练课程不是在感统治疗师接到婴幼儿的那一刻开始,而是从第一次见到家长交谈时就已经开始了。

感觉统合训练课的流程如下:

(1)课前要准备好相应的训练计划和教案,计划和教案要适合当前年龄段,规划好当次训练的重点难点,内容设计要有目的性,且精彩、新颖有吸引力。

(2)课前进行过课,可与其他老师讨论,对训练内容和操作细则进行优化。

(3)课前要与配教沟通,交代教具准备和需互动配合完成的训练目标。

(4) 课前准备好教具,数量足够、质量安全可靠,确保上课流畅度不受影响。

(5) 记录当次所训练学员考勤情况(到位、迟到、请假、旷课)及相关考勤管理(电话联系,了解情况并说明要求)。

(6) 上课轻松活跃,表情丰富,指导清晰,有效组织婴幼儿开展训练,达成训练目标。

(7) 带动婴幼儿积极主动参与训练游戏,并鼓励其挑战困难项目。

(8) 掌握学员上课纪律、安全情况及训练效果。

(9) 记录所有学员整体突出表现,以同年龄段普通婴幼儿的表现作为参考标准。

(10) 下课要与来接婴幼儿的家长大致沟通婴幼儿当次训练的表现。

(11) 下课后教玩具要归位,整理教室。

第二节 感觉统合治疗师工作中应注意的事项

一、安全是感觉统合训练过程中最重要的问题

专业的感觉统合训练教室为婴幼儿提供了丰富多彩的室内活动游戏、器材,这些经过专门设计的感觉统合训练器材首先具有安全性,避免婴幼儿在活动中受伤。可以看到,无论是平衡木的两端,还是小滑板和大滑梯的周边,都要求安装保护套,所有的固定螺丝都必须由工作人员定期检修,以确保使用的安全性。

感觉统合治疗师在工作的时候也必须将婴幼儿的安全问题放在第一位,掌握正确操作器材的方法及注意事项。例如,在训练婴幼儿坐滑板爬时,一定要求婴幼儿的手指向外,防止滑板的轮子碾到手指;在做竖抱筒活动时,每次都要认真系好安全带,防止摔倒或撞伤。

总之,在整个训练过程当中都必须高度注意婴幼儿的安全,避免给婴幼儿带来意外伤害。在感觉统合治疗师的工作中最基本的要求就是:不论治疗师在哪儿,他们的视线始终应该盯住婴幼儿,关注婴幼儿的每一个动作以及表情、神态的细微变化,及时体会婴幼儿的心理需要,并且对这种需要做出适宜的反应。这种关注,有别于家长的过分关注和对婴幼儿的限制或包办代替。例如,婴幼儿不会系鞋带,治疗师会鼓励婴幼儿自己尝试,并适当地给予指导,而绝不是替其来系。

二、对敏感、胆小的婴幼儿给予更多的支持和鼓励

这些专门为婴幼儿提供的感统器械具有鲜明的特色,色彩丰富且鲜艳,非常能够吸引婴幼儿的注意力,并使他们很快就喜欢上这些器械。设计好这些训练活动,治疗师们就可以比较顺利地指导婴幼儿进行快乐游戏了。在训练活动中,大多数婴幼儿感到快乐、轻松,主动性增强,而个别婴幼儿会恐惧、害怕、紧张、退缩甚至哭闹。对于这种情况,感统治疗师的帮助显得十分重要。感统治疗师可以不必急于要求婴幼儿去完成训练的项目,而是让婴幼儿和父母先看看别的婴幼儿如何训练,在慢慢熟悉了环境之后,婴幼儿的情绪也会逐渐稳定下来。同时,受环境的影响,也会产生想尝试某种游戏的愿望了。这时,可以先选择婴幼儿感兴趣的项目试试看,直到其很自然地接受训练。整个过程有可能面临很多困难,尤其是第一次,但都必须保持接纳,不能训斥、嘲笑甚至打骂婴幼儿。如果家长表现出不耐烦的情绪,也要立即劝慰并建议其用鼓励支持的态度对待婴幼儿。

在训练过程中,应尽量给予幼儿自由选择项目的权利,根据幼儿的喜好,调动他们训练的积极性,以更好地完成整个训练计划表中规定的项目。有些相对复杂的项目,可先让能力较强的幼儿演示,在能力较强的幼儿演示过程中,给予能力较弱的幼儿更简洁明确的提示和建议。可先分解动

作,再鼓励幼儿自己尝试,这样能更好地帮助幼儿提高训练水平。当幼儿在亲身体验中获得愉悦的情绪时,将更能激发其兴趣。

三、感觉统合治疗师应具备"四心"

(一)作为一名感觉统合治疗师必须有"爱心"

具有爱心是从事这一职业的前提,只有发自内心的热爱,才能有热情去工作,去指导家长从科学、适当的角度去爱和帮助婴幼儿。

作为一名感统治疗师,必须具备一颗爱婴幼儿、爱家庭、爱事业的心。感统治疗师面对的不是幼儿园里很乖的幼儿,而多数是"问题幼儿"。大部分做感统训练的幼儿,都被称为"熊幼儿",他们是不听指令、没有规则意识、好动的幼儿。这样的幼儿会给感统治疗师带来无穷的麻烦和烦恼,必须付出全部的爱心来对待他们才有可能做好感统治疗师。

做感统训练的婴幼儿,也会有一部分特殊群体,这部分婴幼儿有的不具备语言能力,甚至没有自理能力,给他们开展感统训练是一件非常辛苦的事情,感统治疗师的付出很有可能大部分都是徒劳无功的。但是,婴幼儿的希望、家长的希望、家庭的希望,都寄予在感统老师身上,所以感统老师必须具备一颗爱婴幼儿、爱家庭、爱事业的心,才能不辜负他们的期望。

(二)作为一名感觉统合治疗师必须有"耐心"

耐心是与婴幼儿较好相处的必备条件。婴幼儿年龄小,很多心理活动还不能及时、准确地表达出来,因此感统治疗师要有耐心,通过相应的活动帮助婴幼儿表达。更关键的是家长,只有家长认可才会让婴幼儿参与训练。因此,耐心地做好与每一位家长的沟通和交流工作,给予其知识上的补充和方法上的指导,是感觉统合训练能否顺利进行的基本保证,也是婴幼儿获得进步的前提。

感统治疗师面对的婴幼儿有一部分是特别没有耐性的,也有一部分婴幼儿情绪不可控,爱发脾气,还有些婴幼儿自控力不足,会经常破坏感统治疗师的规则。所以,作为一名感统治疗师必须得具备耐心,才有可能上好感统训练课。此外,一些特殊幼儿,他们的学习能力较差,同一个训练动作或学习内容,需要教师无数次的重复幼儿才有可能掌握。有时是一周甚至是一个月的时间幼儿才能掌握,这对感统治疗师的耐心要求是非常高的。作为一名感统治疗师,还需要有足够的耐心去观察和评估患者的进步和变化,这样才能够做好这份工作。

(三)作为一名感觉统合治疗师必须有"细心"

感觉统合治疗师要细心,才能给感统失调的婴幼儿和特殊婴幼儿上好训练课。在上感统课的婴幼儿里,有一部分是触觉敏感的,他们对外界环境变化的捕捉非常敏感,对教师、环境、器械非常挑剔,一些细微的变化,很可能引起他们的心理波动和情绪的爆发,所以感统治疗师必须要细心,去观察环境、器械、婴幼儿的细微变化,以调整教学让婴幼儿训练效果最优化。进行感觉统合训练的婴幼儿里会有一些严重失调的,没有语言能力、社交不足、很难表达自己的意愿和想法,甚至无法进行自理,这就要求感统治疗师必须细心观察、了解婴幼儿,来判断其意愿和需求,适当满足婴幼儿的需要和调整教学方案,以此来保证婴幼儿训练期间不出现问题。这些都说明感觉统合治疗师必须细心才能在教学中做好工作。

(四)作为一名感觉统合治疗师必须有"恒心"

发现问题,就要寻找解决方法,有的可能会很困难。在婴幼儿的统合训练过程中,许多方面的注意事项琐碎繁杂,如提醒家长要给幼儿穿着适合,小女孩最好不要穿裙子,避免在训练的时候不方便。再如,训练之前不要吃太多东西,也不要喝太多水,身体不舒服的时候就应暂时停止训练。每天的训练,尤其是其他人都休息的寒暑假和双休日,这些正是家长和婴幼儿比较充裕的时间,都要坚持准时做好工作,没有恒心是不行的。

因此,作为一名感觉统合治疗师必须要有"恒心"。婴幼儿的感觉统合能力的变化是一个长时间的过程,是一个螺旋式波动的上升过程,婴幼儿的感觉统合问题不是一个短时间内能矫正的问题,幼儿的某一个问题需要数周甚至是数月的不间断的训练才会见到效果,而且同一问题有可能反复出现,已解决的问题再次复发概率也很高。这就需要感觉统合治疗师要有一颗恒心不厌其烦地坚持训练才有可能最终见到效果。感觉统合失调的部分婴幼儿需要数年的训练,训练内容很有可能单一枯燥、持续时间很长,这就更需要感觉统合治疗师要有足够的恒心。

四、感觉统合治疗师的持续学习与专业发展

感觉统合治疗是一个不断发展和进步的领域,这就要求从事这一职业的治疗师必须不断地学习和提高自己的专业技能。持续学习不仅有助于治疗师更好地理解和应对各种感统失调的婴幼儿,还能推动他们在职业生涯中实现更高的成就。

(一) 持续学习的重要性

1. 跟上领域发展

感觉统合治疗领域的研究和理论在不断更新,新的技术和方法层出不穷。持续学习可以帮助感觉统合治疗师及时了解并掌握这些新知识和技术,确保他们在实践中能够采用最先进、最有效的方法。

2. 提高训练效果

随着感觉统合治疗师知识和技能的增长,他们对婴幼儿的评估和训练会更加准确和精细,从而提高训练效果。这不仅有助于提升感觉统合治疗师的职业声誉,也有助于建立更加稳固的家园信任关系。

3. 适应个体差异

每个婴幼儿的感觉统合问题都是独特的,需要感觉统合治疗师根据具体情况制定个性化的训练方案。持续学习可以帮助治疗师更好地理解和应对这些个体差异,为每个婴幼儿提供更加适合的训练。

(二) 专业发展的途径

1. 参加专业培训

参加专业培训机构或组织举办的培训课程是提升知识和技能的有效途径。这些课程通常涵盖最新的研究成果、训练方法和技术,能够帮助感觉统合治疗师快速更新自己的知识体系。

2. 参与学术研究

参与学术研究不仅可以帮助感觉统合治疗师了解领域内的最新动态,还可以通过研究和实践的结合,推动自己的专业发展。例如,感觉统合治疗师可以通过参与临床试验、梳理自己的知识经验并发表学术论文等方式,将自己的实践经验转化为学术成果。

3. 团队或同行交流

与团队或同行进行交流和分享是提升专业水平的重要方式。感觉统合治疗师可以通过参加学术会议、研讨会等活动,交流经验、探讨问题,共同解决工作中的问题和困难,提升团队凝聚力和工作效率,并且可以拓宽自己的视野和思路。

4. 持续自我评估

感觉统合治疗师应该定期对自己的工作进行评估和反思,找出自己的不足和需要改进的地方。通过这种方式,感觉统合治疗师可以不断完善自己的知识和技能,提升自己的专业水平。

总之,持续学习和专业发展是感觉统合治疗师不可或缺的一部分。通过不断学习和提升自己,感觉统合治疗师能够更好地为婴幼儿提供服务,并推动感觉统合治疗领域的发展。同时,这也是治疗师实现个人职业发展和成就的重要途径。此外,社会也应给予感觉统合治疗师更多的关注和支持,共同推动这一领域的发展。

思政园地

习近平总书记强调:"加快构建现代职业教育体系,培养更多高素质技术技能人才、能工巧匠、大国工匠。"在全国职业教育大会上,大会明确提出:要深化"三教"改革,"岗课赛证"综合育人,提升教育质量。

为了能够提供专业的、高效的感觉统合训练方法及策略,更好地帮助幼儿成长,要求感觉统合治疗师应具备扎实的专业知识和技能、良好的沟通能力与同理心、敏锐的观察与评估能力、创新意识以及高度的职业道德和责任心等。作为感觉统合治疗师需要与时俱进,不断学习,提升自己,争取做一名综合型人才。

知识巩固

习题答案

简答题

一、感觉统合治疗师是教师还是医务工作者?

二、感觉统合治疗师是在上运动课还是康复课?

主要参考文献

［1］魏书珍,张秋业.儿童生长发育性疾病[M].北京：人民卫生出版社,1996.

［2］陈文德.学习困难儿童指导手册:感觉统合积极疗法[M].北京：中国少年儿童出版社,1996.

［3］王书荃.儿童发展评估与课程设计[M].长春：北方妇女儿童出版社,2007.

［4］李娟.儿童感觉统合训练[M].北京：中国妇女出版社,2016.

［5］李俊平.图解儿童感觉统合训练[M].北京：朝华出版社,2018.

［6］刘振寰,潘佩光.儿童脑发育与保健[M].北京：中医古籍出版社,2004.

［7］杨霞,叶蓉.儿童感觉统合训练实用手册[M].上海：第二军医大学出版社,2007.

［8］Anita C. Bundy, Shelly J. Lane, Elizabeth A. Murray.感觉统合:理论与实务[M].蔡鸿儒,等译.新北市:合计图书出版社,2009.

［9］张树东,谢立培,冯译,赵晖.中国1～4年级小学生视知觉发展研究[J].心理科学,2017,40(1)：110—116.

［10］王经彦.从"儿童注意力定向"谈学前教育[J].基础教育研究,2003(5)：46—47.

［11］程华山,陈蕙芬.儿童注意广度与智力的关系[J].心理科学通讯,1990(2)：58—59.

［12］钱静.家长培养学龄前儿童注意力的几点做法[J].教育导刊(下半月),2013(3)：87—88.

［13］韩伟.课堂上怎样吸引学生的注意力[J].新课程学习(学术教育),2010(8)：205.

［14］姜卫红.如何培养孩子的学习注意力[J].现代家教,2002(6)：16.

［15］张建英.学生注意力不集中原因和对策初探[J].考试周刊,2010(1)：224—225.

［16］郑毅.抽动障碍新观念及诊疗进展[J].中国儿童保健杂志,2006,14(2)：111—112.

［17］王梦花,杨丽华,温朋飞.感觉统合失调及感觉统合训练的研究现状[J].肇庆学院学报,2017,38(2).

［18］王黎,童梅玲.儿童视知觉发育的研究进展[J].中国儿童保健杂志,2012,20(6)：519—521＋524.

［19］何素芳.浅谈儿童注意力不集中的原因及对策[J].魅力中国,2009(35)：259.

［20］张曼华,杨凤池,张宏伟.学习困难儿童注意力特点研究[J].中国学校卫生,2004,25(2)：202—203.

［21］李宽.感觉统合训练对感觉统合失调儿童行为的影响研究[D].长江大学,2014.

图书在版编目(CIP)数据

婴幼儿感觉统合教育实操教程/张楠主编. -- 2 版.
上海:复旦大学出版社,2024.8(2025.7 重印)
ISBN 978-7-309-17522-6

Ⅰ. G768

中国国家版本馆 CIP 数据核字第 2024P51V93 号

婴幼儿感觉统合教育实操教程(第二版)
张 楠 主编
责任编辑/赵连光

复旦大学出版社有限公司出版发行
上海市国权路 579 号 邮编:200433
网址:fupnet@ fudanpress.com http://www.fudanpress.com
门市零售:86-21-65102580 团体订购:86-21-65104505
出版部电话:86-21-65642845
上海丽佳制版印刷有限公司

开本 890 毫米×1240 毫米 1/16 印张 9.25 字数 261 千字
2025 年 7 月第 2 版第 3 次印刷
印数 11 201—16 300

ISBN 978-7-309-17522-6/G · 2604
定价:40.00 元